辽河寻根　文明溯源

中华文明起源展

TRACING THE SOURCE OF THE
LIAOHE RIVER CIVILIZATION:

The Formative Period Of Chinese Civilization

◎ 国家文物局
◎ 中华人民共和国科学技术部　　编
◎ 辽宁省人民政府

文物出版社

辽河寻根 文明溯源——中华文明起源展

主办单位：国家文物局

　　　　　中华人民共和国科学技术部

　　　　　辽宁省人民政府

承办单位：中国社会科学院考古研究所

　　　　　辽宁省文化厅

　　　　　辽宁省文物局

协办单位：辽宁省博物馆

　　　　　辽宁省文物考古研究所

支持单位：内蒙古自治区文物局

　　　　　河北省文物局

参展单位：中国社会科学院考古研究所

　　　　　内蒙古自治区文物考古研究所

　　　　　赤峰市博物馆

　　　　　巴林右旗博物馆

　　　　　敖汉旗博物馆

　　　　　河北省滦平县博物馆

　　　　　辽宁省文物考古研究所

　　　　　辽宁省博物馆

　　　　　鲁迅美术学院

　　　　　沈阳新乐遗址博物馆

　　　　　锦州市博物馆

　　　　　阜新查海遗址博物馆

　　　　　北票市文物管理所

　　　　　阜新蒙古族自治县文物管理所

The Formative Period Of Chinese Civilization

展览策划：马宝杰

展览统筹：刘 宁

展览辅助：张 力

内容设计：蔺新建

内容辅助：陶 亮 齐 伟

形式设计：刘建敏

形式辅助：孙熔烯 刘壮云 刘伊丹 王 军 王小允 隋 忱

展览制作：孙 力 郭德胜 张启刚 惠学军 李 晨

主 编：刘 宁

副 主 编：蔺新建

文 字：陶 亮

英文翻译：戴洪文 张 海

资料提供：郭大顺 朱乃诚 吉 平 高 娃 刘 冰

苏布德 田彦国 沈军山 吕学明 庄革发

陆海英 郑志宏 石金民 赵志伟 袁海波

摄 影：林 利 季连琪 孔 群 梁景明 庞 雷

李振石 张 慧

Contents

The Formative Period Of Chinese Civilization

目 录

致辞

　　中华文明是世界上最古老的文明之一，辽河流域则是中华文明的重要发源地。辽河流域早期文明的发生、发展历程是研究中华文明演进的重要内容，也是学术界非常关注的重大课题。作为"中华文明探源工程"的一部分，研究辽河流域早期文明的起源和发展，以及对中华文明形成的影响，可以让我们更深层次地认知中华文明的本质。

　　辽河流域的文明因素可以追溯到万年以前。在距今8000年前已经出现了龙的形象和成熟的玉器。红山文化的"坛、庙、冢"宗教礼仪性建筑群显示距今5000年前这一区域的社会组织已具有国家的雏形。以夏家店下层文化为代表的辽河流域古文化更是中华文明建设过程中积极、活跃的因素，为中华文明的发展作出了重大贡献。

　　为迎接2011年5·18国际博物馆日，在国家文物局的指导下，"辽河寻根 文明溯源——中华文明起源展"的举办，不仅能让大众更好地理解中华文明的形成历程，也是辽河流域史前文明研究工作成果的总结和汇报。通过一系列考古发现和出土文物的全方位展示，运用先进的陈列展示手段，引导人们以多元的视角和层面感知辽河流域早期文明独具特色的文化内涵。

展览是文化交流与传播的重要媒介，本次展览为更多的人们打开了认识辽宁、了解辽宁的窗口，辽宁悠久灿烂的历史文化会给海内外的朋友带来非同以往的感受。也为辽宁人提供了了解家乡历史、感悟家乡文化的平台，生长在母亲河——辽河流域的父老乡亲会为家乡深厚精彩的文化积淀而感到自豪，也必然会增强建设家乡、振兴老工业基地的责任感与使命感。

本次展览是年度辽宁文化建设的一件盛举，相信对弘扬中华民族优秀历史文化遗产，推动辽宁文化强省建设，繁荣发展社会主义先进文化，产生重要的推动作用。

在此向给予本次展览以鼎力支持的国家文物局和有关部门单位表示衷心的感谢！向为筹展工作付出辛勤劳动的各位同志表示诚挚的敬意！预祝展览圆满成功！

辽宁省副省长 滕卫平

2011年5月

Address

Chinese Civilization is one of the earliest civilizations in the world, and then the Liaohe River Valley is an important place for the formation of Chinese Civilization. The birth and development of the early Liaohe River Civilization are essential content of the research on the evolution of Chinese Civilization. It is also an issue of great importance that has drawn greater scholarly attention. As part of *the Tracing Source Project of Chinese Civilization*, a comprehensive study of the origin, development and influence of the early Liaohe River Civilization makes it possible to cognize the essence of Chinese Civilization.

Some civilization elements rooted in the Liaohe River Valley ten thousand years ago. About 8000 years ago, images of dragon and highly skilled jade carvings had emerged in this area. Ritual buildings of the Hongshan Culture including "altar, temple and barrows" indicate that an ancient country appeared here in an embryonic form as early as 5000 years ago. The ancient culture in the valley represented by the lower-layered Xiajiadian Culture took a more positive and dynamic role in the constructed process of Chinese Civilization, and also was a great contribution to the development of this civilization.

At the time of the 5·18 International Museum Day in 2011, under the guide of the State Administration of Cultural Heritage of China, the opening of *Tracing the Source of the Liaohe River Civilization:the Formative Period of Chinese Civilization,* can be regarded as a systematic generation and report on the research of prehistoric civilization in the Liaohe River Valley. It also provides people with guided information to comprehend the development of Chinese Civilization. Through a series of archeological discoveries, unearthed relics and innovative ways of display, the exhibition aims at leading visitors from different perspectives to experience unique characteristics of this early civilization.

Exhibition is taken as an important medium of cultural communication and propagation. The exhibition opens up a prospect for people to have insight into Liaoning. With its aid the long history and wonderful culture of Liaoning will bring entirely new experiences to people inside and outside China. And also it offers the people of Liaoning the opportunity to acquaint themselves with local history. Fellow countrymen living in the Liaohe River Valley will take a genuine pride in profound inertia of their native culture, and will increase the sense of responsibility and mission to build their native place and revitalize the old industrial base.

As a great undertaking for the cultural construction of Liaoning, it is believed that this exhibition is of historical significance to preserve and develop the cultural heritage of Chinese nation, promote the cultural power of Liaoning Province, and boost the socialist cultural prosperity.

We would like to take this opportunity to offer our warmest thanks to the State Administration of Cultural Heritage of China and other relevant institutions for their generous support. We also pay our great devoirs to the people who worked assiduously on this project. Wish the exhibition complete success!

Teng Weiping

Deputy Governor, Liaoning Province

May, 2011

序

中华文明是世界上最重要的历史悠久、独具特色的原生文明之一，她汇聚华夏等各民族的优秀文化，逐渐成长、壮大，至今仍然生机勃勃、从未中断，是中华民族生生不息的精神源泉。探寻中华文明的源头是中外学界和每个中华儿女热切关注的焦点，经过历代考古学家，及其他人文科学家和自然科学家的努力，至20世纪80年代，关于中华文明起源的研究已取得了许多重要成果，但仍然存在大量有待解决的问题。

自2001年起，在科技部和国家文物局等有关部委的组织实施下，开始了多学科联合攻关的"中华文明探源工程"，以充分揭示早期中华文明的丰富内涵，回答中华文明形成的时间、地域、过程、原因和机制等基本问题。并探讨中华文明与周边地区文明化进程的互动关系，通过与世界其他古代文明的比较研究，总结早期中华文明的特点及其在人类文明发展史上的地位。

辽河文明的研究是"中华文明探源工程"的重要组成部分。辽河流域是我国中原接连东北乃至东北亚的重要桥梁和纽带，是中华文明的重要发源地之一。20世纪80年代以来辽河流域一批重大考古发现表明，辽河流域作为我国东北古文化发展的重心和中原与东北相接触的前沿地区，有着悠久的历史和独具特色的自成谱系的考古学文化。早在距今8000年前这里就存在着具有中国最早玉器的兴隆洼文化。该文化于距今7000年转变为赵宝沟文化。这里的红山文化，也于距今7000年前期偏后出现，距今5000年晚期，红山文化转入晚期阶段，有专家认为当时已进入文明时代。位于辽西山区牛河梁的红山文化晚期祭祀中心，是5000年前古国的象征。以后又经历了以夏家店下层文化为代表的方国时代，最

The Formative Period Of Chinese Civilization

终汇入统一多民族的秦汉帝国。辽河流域文明的形成和发展，是中华文明起源多源性的生动体现，也反映出辽河流域在中华文明形成过程中的重要地位和作用。

　　"中华文明探源工程"的重要工作之一就是及时展示、准确宣传研究成果，促进研究成果的社会化应用。2009年，国家文物局会同有关部门在京举办了"早期中国——中华文明起源展"，是我国第一次以展览的形式向社会公众宣传、展示中华文明的起源历程，展览取得了圆满成功。在此基础上，国家文物局继续会同有关省份和部门举办该主题的系列展览，在整体介绍中华文明起源研究成果的同时，有重点地介绍早期文明相关地域的发展历程，通过展览进一步告诉大家，多元中存在着相互关联，即多元一体，从多元走向统一，统一中又有多元，是中华文明的活力和魅力所在。

　　"辽河寻根　文明溯源——中华文明起源展"，通过辽河流域出土和相关的大量珍贵文物，展示辽河流域由古国—方国—帝国的文明起源与发展历程，旨在让广大观众了解和认识辽河流域独具特色的早期文明及在中华文明起源中的地位和作用，了解我国悠久灿烂、多元并蓄的文化传统。

　　值此，向创造不朽文明的中华民族先辈们，向竭尽全力保护辽河流域文化遗产的同事们，致以崇高的敬意。

国家文物局局长

2011年5月

Preface

Chinese civilization is one of primordial civilizations with a long history and unique characteristics in the world. As a complex of excellent cultures of various nationalities, it has expanded steadily and is still full of vigor and self-renewing. The civilization, taken as the headspring of ethos, is indispensable to rejuvenate the Chinese nation. The issue of tracing the source of Chinese civilization has become a worldwide attention of the academia and the public. Owing to unremitting efforts of archeologists, natural scientists and humanists, by the eighth decade of the twentieth century, the research regarding the origins of Chinese civilization has acquired fruitful results, but there are still some unsettled problems that need to be solved.

Since 2001, scholars of many disciplines have made joint efforts to tackle *the Tracing Source Project of Chinese Civilization* that organized by the Ministry of Science, the State Administration of Cultural Heritage of China and relevant ministries and commissions. The project aims at exploring the rich connotation of early Chinese civilization and revealing the time, region, process, cause and mechanism of its formation. It also probes the interactive relationship between Chinese civilization and surrounding civilizations, studies comparatively with other ancient civilizations all over the world, and summaries the features of early Chinese civilization and its position in the development of human civilization.

The study of the Liaohe River Civilization is an essential part of *the Tracing Source Project of Chinese Civilization*. The Liaohe River Valley, as one of important places for the formation of Chinese civilization, has been a vital link between the Central Plains and northeast China as well as Northeastern Asia. Since the 1980s, a series of archeological discoveries in the Liaohe River Valley indicate that this area, as a center of ancient cultural development in northeast China and a frontier joining the Central Plains and the Northeast, has a long history and distinctive archeological culture with its own genealogical system. As early as 8000 years, the Xinglongwa Culture with the earliest jades of China had emerged here. It then changed into the Zhaobaogou Culture around 7000 years ago. The Hongshan Culture of this region had its beginning in about 7000 years ago and came to the late period from about 5000 years ago. Some experts thought that the culture at that time had entered the stage of civilization. The ritual center placed at Niuheliang in the mountains of Liaoxi is regarded as a symbol of *Guguo* (Primitive State, ca.5000 years ago). After going through the stage of *Fangguo* (Regional State) represented by the lower-layered Xiajiadian Culture, the region was finally merged into the unitary multinational Qin-Han Empire. The formation and development of the Liaohe River Civilization presents vividly the multivariate characteristic of the origins of Chinese civilization. It also reflects that this valley took an important role for the formation of Chinese civilization.

Displaying and propagating the results of research, and promoting their social application have been seen as one of important tasks for carrying out *the Tracing Source Project of Chinese Civilization*. In 2009, *Early China: the Formative Period of Chinese Civilization* was sponsored by the State Administration of Cultural Heritage of China and other organizations. It was the first time to show the illustrious accomplishment of the formative period of Chinese civilization in the form of exhibition in China. The exhibition was crowned with success. Thus the State Administration of Cultural Heritage with relevant provinces and departments decided to hold continuously a series of exhibitions on such topic. Both a comprehensive introduction to the results of research on the origins of Chinese civilization, and a detailed exploration of the developing process of early civilizations in related areas, the exhibition is an attempt to display the multivariate and unified rule of the formation and development of Chinese civilization. Certainly it is where the vigorous and charming character of this civilization lies.

Tracing the Source of the Liaohe River Civilization: the Formative Period of Chinese Civilization, with large quantities of cultural relics unearthed from the Liaohe River Valley, embodies a process of birth and development that transformed the Liaohe River Valley from *Guguo* through *Fangguo* into the Empire. This exhibition will be accessible from visitor's prospective to comprehend fully the feature, position and role of this early civilization during the shaping of Chinese civilization, and also to have insight into the splendid and multilayered tradition of Chinese culture.

We would like to express deep appreciation to the predecessors of Chinese nation, the creators of remarkable civilization. Our gratitude is extended also to the many people who give wholehearted support for preserving cultural heritage of the Liaohe River Valley.

Shan Jixiang

Director of the State Administration of Cultural Heritage of China

May, 2011

序 | Preface

前言

辽河文明起源的道路与特点

■ 郭大顺

The Formative Period Of Chinese Civilization

20世纪80年代中期，由牛河梁红山文化遗址考古新发现提出的中华五千年文明起源问题，经新华社、中央人民广播电台、《光明日报》等媒体报道，迅速传遍海内外，引起社会广泛持续反响，尤其是推动了学术界关于中华文明起源的大讨论[1]。二十多年过去了，已列入国家科研项目的"中华文明探源工程"不断取得可喜成果，并将工程的"区域成果系列展"首选在辽宁，以反映辽河文明研究取得的进展。

近些年来，对于辽河文明的起源，我们集中探讨的问题是，牛河梁遗址作为中华五千年文明的一个象征，它所走的道路有什么自身的特点。红山文化已有金属铜出现的线索[2]，这虽然是一种全新的技术，但只有极少量的小件装饰品一类，对经济和社会发展所起的作用不大，主要的生产工具仍然是石器。经济生活中已有农耕，但渔猎经济仍占主导地位[3]。同时，红山文化一直缺少大的聚落中心的发现，与牛河梁规模宏大的"坛庙冢"相应的中心聚落尚无线索，而牛河梁及附近遗址却不断有新的与祭祀有关资料的积累，这可能说明当时盛行"重死不重生"的观念。由此我们领悟到，红山文化进入文明社会，主要表现于精神领域即宗教祭祀的发达。试就此谈四个方面的体会。

一 女神庙与祖先崇拜

牛河梁遗址是一个分布在多道山梁上的遗址群，范围约在56平方公里，且遗址的类型多样，有祭坛和积石冢墓群，也有庙宇建筑。其中编号为第一地点的女神庙和山台，在诸遗址点中是最为重要的遗存。目前，女神庙虽然尚未正式发掘，但几次试掘所获材料仍然触及到一个新的研究领域——史前宗教考古。我们曾论述：这是一座以人的偶像为主要崇拜对象的庙宇；它是远离居住区以外独立存在的祭祀场所；从多室的平面布局和神像残件出土位置可知，主室有相当于真人三倍的残鼻残耳，侧室有相当于真人两倍和真人原大的人像残件，这说明神像是分层次的，是围绕主神的多神崇拜，这是当时以"一人独尊"为主的等级社会结构在宗教上的反映，后者以积石冢普遍设有中心大墓为主要证据；特别是提出了祭祀的对象应为先祖，即具有祖先崇拜性质[4]。对此当时论述的证据，一是泥塑人像的高度写实性；二是围绕女神庙的诸多积石冢也有祭坛或烧土面等祭祀遗迹，说明积石冢有对祖先亡灵举行的墓祭，女神庙当是更高的祭祖场所，它们之间是远祖与近亲的关系[5]。后经对女神头像的再观察，其右耳完整无穿孔，左耳残处却留一穿孔，穿戴单耳坠这种特定的装饰习俗，在胡头沟和牛河梁的红山文化墓葬中都曾有发现，这进一步证明女神像确是模仿真人而塑造的。

特别要提到的是，除牛河梁遗址第一地点的女神庙以外，其他红山文化积石冢也常有人的塑像发现：在牛河梁遗址的第三、十六地点积石冢分别发现有陶人面和陶塑人像残件[6]；牛河梁遗址群以外的建平县南郊东山冈积石冢发现有陶塑人像残件[7]；敖汉旗草帽山积石冢更有石雕人像发现[8]。在牛河梁遗址发现前曾发掘的东山嘴遗址，可能经历由积石冢到祭祀址的演变过程，这处遗址除两件小型孕妇雕像以外，也有较大的陶塑人像残件出土[9]。与牛河梁遗址的女神庙相比，以上诸积石冢所见的人体塑（雕）像数量少，多为一尊，规模小，相当真人原大或更小，与女神庙内所见人体塑像的大规模、多层次的女神群像相比，差异甚大，且这些地点都尚无明确的庙址发现。相同的是，人体塑（雕）像的写实性都甚强，可看出性别的都为女性。东山嘴遗址陶塑人像为盘腿正坐式，表明各个有积石冢地点的人体塑像也应是被祭祀的对象。由于红山文化积石冢或积石冢群，是以所在的每个山冈为基本社会单元的，所以积石冢所见人体塑（雕）像，应是每个山冈所代表的群体祭祀的偶像，而女神庙的女神群像则应为红山文化这一文化共同体所拥有，是红山人共同崇拜的偶像。苏

敖汉旗草帽山遗址积石冢出土石雕人像

秉琦先生曾对牛河梁女神庙遗址作过"共祖"的定位:"'女神'是由五千五百年前的'红山人'模拟真人塑造的神像(或女祖像),而不是由后人想象创造的'神'",从而进一步提出"她是红山人的女祖,也就是中华民族的共祖"[10]。以上不同规模的祭祀偶像的发现,正在部分证明着苏先生的观点,即:女神庙供奉的可能就是红山文化这一文化共同体的"共祖",而诸地点所代表的基本社会单元各自所崇拜的偶像,则可称为"个祖"。既有远祖与近亲、又有"共祖"与"个祖"的区分,说明红山文化已进入祖先崇拜较为发达的阶段。而女神庙必已具宗庙或其雏形。

二 玉器工艺、造型与以玉通神

红山文化玉料的来源是普遍关心的课题,一般以为是辽宁东部山区岫岩老玉矿的透闪石软玉,但也有来自北方外贝加尔湖地区的线索[11]。对此,红山文化玉器特定的选料方式可以提供一个新的思路。红山文化玉器的选料极为讲究,重要的玉类多选用河磨玉料。河磨玉是石之精华,也是玉之精华,是大自然的杰作,也是红山人对玉作为自然生成之物的用玉观念的刻意追求,红山人的智慧也在此得以尽情表达。红山文化玉器工艺的发达,一是当时普遍使用工艺的熟练掌握和超水平发挥,一是新技术的率先启用。前者如直径达9厘米的大孔径的管钻法以及圆雕和镂雕等,后者则有片切割与起地阳纹的普遍使用,而片切割与起地阳纹也是后世玉器长期沿用的基本工艺。

红山文化玉器的发达与区域性特点,更表现于造型上,那就是极具抽象性和神秘性。有些常见玉类,如勾云形玉器和斜口筒形玉器,其原型至今尚不明朗。红山文化玉器的一个主要特点是大量选用动物题材,这集中表现为动物形象既神化变形又高度统一,我们曾提出,这一现象反映玉器制作已在受某种思维观念的制约,这或就是礼的雏形[12]。在神化的动物形象中,最引起关注的,是已相当成熟的龙与凤的题材,而且有如东山嘴遗址所见的双龙首玉璜、牛河梁遗址所见的双兽首三孔梳背饰、尤其是龙凤玉佩等动物合体的造型出现。杨建芳先生在论证凌家滩玉器时提出,同类或异类动物合体的玉器题材，以前所知是商代晚期到西周早期才出现的，现提早到新石器时代晚期，这是史前玉器造型"超前性"的表现[13]。牛河梁的双龙、双兽和龙凤合体造型，五官等形象较之凌家滩为明确，体态的设计和工艺加工也较为变化自如，与后世的龙凤等题材相比较，红山文化无疑是传承的主线之一。

牛河梁遗址第五地点一号冢中心墓墓主人手握双龟

对红山文化玉器进一步的认识在于玉器的功能。牛河梁遗址第五地点一号冢中心墓有手握双龟的明确出土状态，这是墓主人握有神权的生动表现；此后该遗址第十六地点中心墓又出有一件玉人，这件玉人以屈肘贴于胸前、仰卧吸气的姿态，突起的脐孔和额间外加的孔洞为特点，所表现的上下贯通之意，与民族学中萨满教的"气生主义"相近，从而进一步证明玉器的主要功能在于通神。而且它们都出在中心墓中，又是神权独占的显示[14]。文献所记五帝时代前期有颛顼帝"绝地天通"的宗教革命（《国语·楚语》），牛河梁的发现是这一时代特点的真实写照。张光直先生并称这种以通神取得政治权力，为人与自然沟通的"连续性文明"，以区别于上古西方以发展技术改造环境的"断裂性文明"，认为就未来而言，以中国为代表的东方文明更具普遍性[15]。

关于红山文化的"唯玉为葬"问题，我们曾依据90年代以前牛河梁诸地点墓葬的随葬情况，提出红山文化有"唯玉为葬"的习俗[16]。此后牛河梁遗址第十六地点的中心大墓和其他多座出玉器的墓，以及牛河梁遗址群以外地区发掘的红山文化积石冢，也都有只葬玉器的情况，红山文化的"唯玉为葬"得到进一步证实。由于红山文化拥有发达的制石和制陶工艺，发现有讲究硬度、色泽的细石器、有方器在内的各种特异形陶祭器等制作难度高而精美的石器与陶器，却独以玉为唯一随葬品，这种不同于其他史前文化特有的埋葬习俗，反映红山人在表达等级观念时，有意排除与生产生活有关的石、陶，而独以反映思维观念的非实用的玉器作为唯一标准。我们曾多次引用王国维先生对"礼"（禮）字初意的解释："禮"字为"象二玉在器之形"，是为"以玉事神之器"[17]，直可理解为玉器因其通神功能而成为礼器形成过程中最具代表性的一种器类，红山文化的"唯玉为葬"使这一观点得到进一步的考古证实。而从"唯玉为葬"到"通神为礼"，正是红山文化因精神领域变革跨入文明社会的又一重要证据。

三 一个文化共同体祭祀中心的形成

牛河梁遗址正式发掘时，在遗址区50多平方公里范围内编号16个地点，后经历年调查，在遗址区内又得红山文化遗址27个，共43个地点。这些遗址点主要是多道山梁上围绕女神庙的众多积石冢。问题在于，坐落在如此大范围且地形多变的诸多遗址，它们是怎么形成的，有何分布规律可循，如何证明它们是一个有机整体。

经多年发掘和观察，终于在不同于一般考古遗址的积石堆积

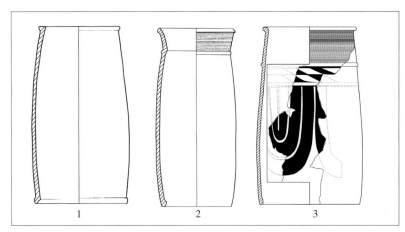

牛河梁遗址出土陶筒形器分期

1. 下层积石冢
2. 第一地点
3. 上层积石冢

中找到了遗址分期的确凿证据，从而为解开牛河梁诸遗址的形成与相互关系找到了一把钥匙，这就是在已发掘的四个地点的积石冢中，有三个地点从地层叠压关系可明确分出下层积石冢和上层积石冢，下层与上层积石冢所置陶筒形器的形制也有十分明显的相应时代变化，第一地点（女神庙与山台）所见的筒形陶器近于上层积石冢又有差异，形制具有介于下层积石冢与上层积石冢之间的特点。这样，牛河梁遗址的分期证明，牛河梁诸遗址点的时代关系，不是以作完一个接着再作一个为主，而是一部分遗址点大约同时始建，部分遗址点开始较晚，各个地点大约同时结束。其具体过程可推测

The Formative Period Of Chinese Civilization

为：先筑下层积石冢，后筑女神庙、山台及相关建筑，然后以女神庙和山台为中心，四周的上层积石冢陆续筑成。

同时，下、上层积石冢相比较，下层积石冢墓葬现已发现的都为单人葬的土坑墓或立以石板的简单石室墓，周以筒形器群围绕，积以薄碎石层，无明确的石砌冢界，随葬单件陶器，玉器的随葬甚少；而上层积石冢冢体规模扩大、使用石料增大增多，冢的结构趋向复杂，有明确的冢台、冢阶和冢界，随葬玉器数量、种类增多，墓葬之间在规模大小、随葬品多寡、精简分化等诸多方面，分化明显，特别是各个地点普遍设置了中心大墓。另从尚未经正式发掘的各遗址点采集的陶片看，相当于下层积石冢和第一地点的筒形陶器甚少，而绝大多数遗址点采集到的筒形陶器片都属上层积石冢，包括牛河梁以外发掘的阜新胡头沟、喀左东山嘴以及敖汉旗草帽山遗址，说明积石冢的数量与分布面是在晚期急速增加的，也表明从下层积石冢到上层积石冢，其间在文化内涵和社会变革方面曾产生过突变。

就诸遗址点的分布来看，它们全部都置于梁脊的冈丘上，各点有高低主次之分，又可以互望。众多以大石块砌筑的积石冢间有祭坛，冢与坛方圆有致，有互成组合的规律，而女神庙和庙北的山台（山台上已有大房址发现的线索）坐落在牛河梁地区地势较高的主梁的梁顶，并顺山势定方向，从而形成诸多积石冢围绕庙台而设、"坛庙（台）冢"三位一体的组合，成为独立于居住区以外规模宏大的宗教祭祀性礼仪建筑群体，其大范围的规划布局所体现的人文融于自然的文化景观，又是红山人与自然和谐相处的体现。张忠培先生称之为"陵园"，认为这以神庙为主体、包括诸多代表不同死者群体的积石冢和祭坛的陵园建筑，是红山文化一定范围内居民设置的敬神祭祖的宗教圣地[18]。严文明先生也指出，牛河梁遗址的众多积石冢，规模大小不一，在结构上又形态各异，随葬玉器在规范化的前提下，形制、组合也多有不同，这说明这些积石冢所属人群，远不限于就近活动的群体，而是从较远甚至更远的地方向牛河梁地区聚集的，甚至涉及整个红山文化分布区[19]。前述牛河梁女神庙与周围相关遗址之间已有"共祖"与"个祖"的分化，也说明具有"共祖"规格的女神庙所在的牛河梁地区，以对共同先祖的崇拜

红山文化重要遗址分布图

1. 赤峰红山后
2. 赤峰蜘蛛山
3. 赤峰西水泉
4. 翁牛特旗三星他拉
5. 林西沙窝子
6. 巴林右旗那斯台
7. 巴林右旗城郊
8. 围场下伙房
9. 敖汉旗下洼
10. 奈曼旗
11. 锦西沙锅屯
12. 阜新胡头沟
13. 阜新福兴地
14. 喀左东山嘴
15. 喀左新营子
16. 凌源、建平牛河梁
17. 朝阳十二台营子
18. 北票白石水库
19. 康平城郊
20. 敖汉旗小河沿

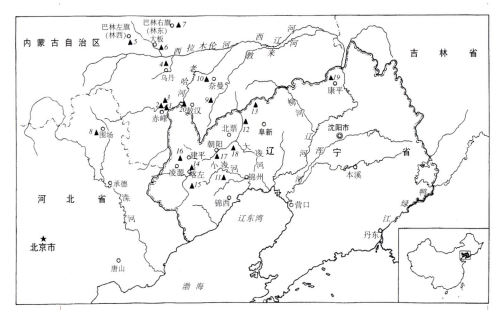

The Formative Period Of Chinese Civilization

相维系，对红山文化诸群体拥有很强的凝聚与制约作用，包括这样大规模公共建筑在设计建造时对人力的组织，从而成为红山文化整个文化共同体的祭祀中心和管理中心。这一点，还可以从牛河梁遗址在红山文化分布区的位置来加以说明。牛河梁遗址所在的辽西努鲁儿虎山谷属于大凌河流域，又距老哈河的河源不远，向北沿老哈河河川可通往内蒙古赤峰地区并继续向以北的蒙古草原深入；向南顺大凌河的南源，可直抵渤海海滨；向东沿大凌河的主干，通向朝阳和阜新地区，更可达辽河西岸；向东北沿努鲁儿虎山山谷可通达内蒙古敖汉旗及周围的教来河和孟克河流域。以上由牛河梁所通的这些地区，都是红山文化遗址分布较为密集的地区，向西则沿大凌河西源通河北省承德地区，并可越燕山山脉直下华北平原，成为同华北平原农耕文化接触交流的双向通道。可见，牛河梁遗址处于红山文化分布区四通八达的中心地带，又偏向于靠近华北平原的西南一侧，以便于同中原文化交流，作为红山文化的中心，这是十分恰当的位置。而最高等级的聚落或祭祀中心与管理中心的出现，是进入古国时代的主要标志之一。

四　来龙去脉与文化交汇

就在牛河梁遗址发现不久，辽西及邻近的内蒙古东南地区陆续有早于红山文化的查海—兴隆洼文化和早于或大约与红山文化早期时代相当的赵宝沟文化确立。它们都以与红山文化相近的饰压印"之"字纹为主的筒形陶器为主要考古学文化特征，查海、兴隆洼等遗址都发现了玉玦、玉匕形器等玉器，查海遗址还发现有大型龙形堆石和浮雕式的"类龙纹"，特别是属于赵宝沟文化的小山遗址发现了以相当成熟的技法、在大曲度的磨光表面"压划"出具透视效果的包括凤、鹿首龙、猪首龙等"四灵"组合的图案[20]。杨伯达先生曾提出，查海等遗址的玉玦，其功能是"以耳魅神"，也已具通神功能[21]；对牛河梁女神头像的再观察还发现下唇有牙齿遗落后留下的贴面，属于兴隆洼文化的兴隆沟遗址第一地点22号房址则发现有贴贝壳为齿的石雕人面，前后一脉相承的表现手法令人惊叹[22]。这些都从多个方面，特别是与祭祀通神有关的文化因素之间，为红山文化在当地找到了源头。

兴隆沟遗址第一地点22号房址出土贴贝齿石雕人面

红山文化的发展除了当地文化的延续以外，这一时期还是文化频繁交汇时期。红山文化作为东北区史前文化的一个组成部分，又处于东北及东北亚渔猎文化区与华北平原农耕文化区和西部草原游牧文化区接触的前沿地带，渔猎人具有与大自然和谐相处和文化上开放的天然本性，这使红山文化在东北和东北亚地区率先兴起。不同文化传统和不同经济类型的文化之间的交流，往往产生意外的效果，这尤其表现于红山文化与中原仰韶文化之间的南北交汇和红山文化对仰韶文化先进文化因素的大幅度吸收，如红山人采用了仰韶文化的彩陶技法，创造出具有本文化特色的龙鳞纹图案[23]。苏秉琦先生更认为，红山文化大规模祭祀中心的出现，就与这一南北文化交汇的最高形式——碰撞有着直接关系[24]。

红山文化之后，在西辽河流域有距今大约5000~4500年间的小河沿文化和距今大约4000~3500年间的夏家店下层文化。小河沿文化目前虽然尚无中心遗址发现，但已有材料暗示出，该文化既与红山文化有先后承接关系，又表现出自身特点和某些先进性，前者如早期多见彩陶钵，筒形罐则从早到晚得以顽强保留，后者如分布面较红山文化为广，陶器中朱绘的较多使用；特别是大量吸收来自东方大汶口文化（如镂孔陶豆、高圈足杯和高领壶）的因素，还与同一时期主要分布

大甸子墓地出土夔龙
纹陶瓿

于辽东地区的偏堡子文化、西部的内蒙古中南部庙子沟文化交流密切[25]，从而以文化的活跃和创新推动了西辽河流域古文化从古国到方国的过渡。所以到了距今4000年左右，西辽河地区出现了又一次文化高潮，这就是夏家店下层文化。夏家店下层文化无论从已登记的数万处遗址所知人口、聚落分布的密集程度以及中心聚落或聚落群与一般聚落或聚落群的级别分化，3米以上甚至厚达10余米的文化堆积的丰厚，可一次熔铸上千克铜液（铜柄戈）的青铜铸造业，以带肩薄石铲为代表的发达的锄耕农业，被誉为"中华古文化代表性化石"的三袋足陶器筒形鬲、甗等的大量使用，磨光黑色陶器上用朱白两色以极为流畅的线条、绘出包括兽面纹、夔龙纹以至回纹等在内的多种风格彩绘图案及其与商代青铜器花纹之间的渊源关系，仿成排铜钉铆接工艺的陶鬶与陶爵的固定组合，防御意识强烈的石砌城堡及其内部的复杂结构，房址以土坯砌墙和居住面铺光洁平整白灰面的讲究的建筑材料的普遍使用，沿河岸从平地、台地、山坡到山顶呈"棋盘式"立体布局和被称为古长城"原型"的呈"链锁式"分布的城堡群，渐行渐南的移动走向，都表现出雄踞燕山南北、"与夏为伍"的强大方国的气势。夏家店下层文化之后，辽河流域经历了以燕文化为主多民族文化交互融合的反复过程，随着铁器普及奠定的物质基础，最终实现了（燕）秦汉帝国在东北地区的有效管辖，以至秦统一后择地"为秦东门"（《史记·秦始皇本纪》），实际就选择在渤海湾北岸，即今山海关内外从辽宁省绥中县万家镇姜女石到河北省秦皇岛市金山嘴沿海岸一线的秦行宫遗址群，成为中华统一多民族国家的一个象征[26]。

以上可见，辽河流域所经历的从古国到方国再到帝国的文明发展进程，既有比较清晰的来龙去脉和延续，又有文化和社会变革的突变。而其中的重头戏——牛河梁规模宏大的宗教祭祀性建筑群，于距今五千年前在辽宁西部出现，其所反映的精神领域变革在早期文明形成过程中的前导作用以及尊重大自然的生存原则，作为辽河文明起源的一个突出特点，对探索中华文明的源头甚至人类对未来的抉择，都会有所启示。

The Formative Period Of Chinese Civilization

注 释

[1] 《辽宁西部发现五千年前文化遗址——中华文明起源问题找到新的线索》，《光明日报》1986年7月25日第1版。

[2] 《中国文明起源座谈纪要》，《考古》1989年12期1120页刘观民的发言；杨虎："1987年，在内蒙古敖汉旗西台遗址红山文化房址堆积中出土两件长方形陶质合范，一件长3.6厘米，另一件仅2.5厘米，当用于铸造钩形饰件。"见《辽西地区新石器—铜石并用时代考古文化序列与分期》，《文物》1994年5期47页。

[3] 赵志军：《中国北方旱作农业起源的新线索》，《中国文物报》2004年11月12日第7版。

[4] 孙守道、郭大顺：《牛河梁红山文化女神头像的发现与研究》，《文物》1986年8期；辽宁省文物考古研究所编：《牛河梁红山文化遗址与玉器精粹》33～36页，文物出版社，1997年。

[5] 巫鸿：《从"庙"至"墓"——中国古代宗教美术发展中的一个关键问题》，《庆祝苏秉琦考古五十五年论文集》98～110页，文物出版社，1989年。

[6] 辽宁省文物考古研究所编著：《牛河梁——总述及第二、三、五、十六地点发掘报告》，文物出版社，待刊。

[7] 辽宁省文物考古研究所编：《辽宁考古年报——铁朝高速公路特刊》16页，2006年。

[8] 《敖汉旗发现红山时期石雕神像》，《中国文物报》2001年8月29日收藏鉴赏周刊第33期。

[9] 郭大顺、张克举：《辽宁喀左东山嘴遗址发掘简报》，《文物》1984年11期。

[10] 苏秉琦：《写在"中国文明曙光"放映之前》，《中国文物报》1989年5月12日。收于《苏秉琦文集》（三）141页，文物出版社，2009年。

[11] 王时麒、赵朝洪等：《辽宁岫岩玉》，科学出版社，2007年；郭大顺：《从"以玉视目"看西辽河流域与外贝加尔湖地区史前文化的关系——兼谈红山文化玉料的来源》，《玉文化玉学论丛》（四编）上3～11页，紫禁城出版社，2006年。

[12] 孙守道、郭大顺：《论辽河流域的原始文明与龙的起源》，《文物》1984年6期。

[13] 杨建芳："动物合雕，有异类动物合雕和同类动物合雕两种不同造型。""在中原地区，异类动物合雕迟至商代晚期才出现，如安阳妇好墓出土的玉兽头怪鸟。""同类动物合雕玉器于西周时才在中原地区出现，而在东周时广泛流行。"见《安徽古代玉雕的超前性》，《凌家滩文化研究》59、60页，文物出版社，2006年。

[14] 辽宁省文物考古研究所：《辽宁牛河梁第五地点一号冢中心大墓（M1）发掘简报》，《文物》1997年8期；辽宁省文物考古研究所：《牛河梁第十六地点红山文化积石冢中心大墓发掘简报》，《文物》2008年10期。

[15] 张光直：《考古学专题六讲》中"第一讲 中国古代史在世界史上的重要性"，文物出版社，1984年；徐苹芳、张光直：《中国文明的形成及其在世界文明史上的地位》，《中国文明的形成》第九章，新世界出版社、耶鲁大学出版社，2004年。

[16] 郭大顺：《红山文化的"唯玉为葬"与辽河文明起源特征再认识》，《文物》1997年8期。

[17] 王国维：《观堂集林》（第一辑）290页，中华书局，1959年。

[18] 张忠培：《中国古代文明形成的考古学研究》，《中国考古学——走向与推进文明的历程》240～242页，紫禁城出版社，2004年。

[19] 引自严文明先生于2004年7月在赤峰市召开的"红山文化国际学术研讨会"上的学术报告，参见严文明：《红山文化五十年——在红山文化国际学术研讨会上的讲话》，《红山文化研究——2004年红山文化国际学术研讨会论文集》5～11页，文物出版社，2006年。

[20] 中国社会科学院考古研究所内蒙古工作队：《内蒙古敖汉旗小山遗址》，《考古》1987年6期。

[21] 杨伯达：《东北夷玉文化板块的男觋早期巫教辩——兼论兴隆洼文化玉文化探源》，《中国文物报》2008年4月16日第7版。

[22] 中国社会科学院考古研究所内蒙古第一工作队：《内蒙古赤峰市兴隆沟聚落遗址2002～2003年的发掘》图版贰之5，《考古》2004年7期。

[23] 郭大顺：《论东北文化区及其前沿》，《文物》1999年8期。

[24] 苏秉琦：《华人·龙的传人·中国人——考古寻根记》，原载《中国建设》1987年9期。收于《苏秉琦文集》（三）127～129页，文物出版社，2009年。

[25] 辽宁省文物考古研究所、赤峰市博物馆编著：《大南沟——后红山文化墓地发掘报告》，科学出版社，1998年；内蒙古文物考古研究所等：《内蒙古扎鲁特旗南宝力皋吐新石器时代墓地》，《考古》2008年7期。

[26] 苏秉琦：《象征中华的辽宁重大文化史迹》，原载《辽宁画报》1987年1期。收于《苏秉琦文集》（二），文物出版社，2009年。

Foreword

—— Road and Characteristic of the Origin of Liaohe Civilization

(Abstract)

Since the beginning of the early 8000B.P. onward, the local societies in Liaohe River valley had undergone a "Three Steps" process of the origin and development of civilization from the Primitive State, represented by the Hongshan Culture in 5000B.P., to the Regional State, represented by the Lower of Xiajiadian Culture in 4000B.P., and the Empire State, represented by the architecture groups of Qin imperial palaces in the north of Baohai Bay. The Niuheliang site, which is a complex of ritual and sacred architectures in large scales and imposed layout consisting of the Goddess Temple as the center with the stone tombs and altars surrounded nearby, is indicated as the symbol of civilized societies of Hongshan Culture which suggests the key role of transforms in spiritual realm in the origin of civilization in Liaohe River societies.

The Formative Period Of Chinese Civilization

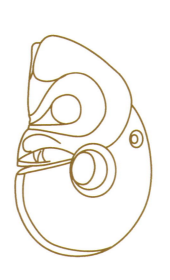

家 园

Homeland

　　新石器时代是随着原始农业、家畜饲养、制陶与磨制石器的相继出现而到来的，辽河流域作为东北文化区的组成部分，渔猎经济是主要生活来源，但栽培作物也出现较早。在这种多元经济基础上，从大约距今8000多年起，辽河流域的人们就已有龙崇拜观念和玉器，进入了文明起步阶段。

The Neolithic Period started with successive emergence of agriculture, livestock raising, pottery and polished stone implements. In the Liaohe River Valley, fishing and hunting was taken as main means of subsistence, supplemented with crops cultivating. On basis of this multifactor economy, about 8000 years ago, the settlers in this land started to have beliefs about the worship of dragon and invented jade works. So the Liaohe River Valley entered the formative period of civilization.

经济生活
Economic Life

从兴隆沟遗址浮选出来的炭化粟（小米）和黍（糜子）经鉴定属人工种植，是目前中国北方最早的栽培作物，证明辽河流域是中国旱作农业的发源地。

辽河流域

地处蒙古高原向华北平原

和沿海的过渡地带，

境内多丘陵山地，

史前时期

这里多针叶林与阔叶林

交混生长的森林区，

适于采集和渔猎，

但原始农业也较早出现。

石磨盘、石磨棒
Stone Roller and Quern

兴隆洼文化（距今约8000～7000年）
磨棒：长34、直径4.5厘米
磨盘：长39、宽25.5、厚4.5厘米
阜新查海遗址出土
辽宁省文物考古研究所藏

磨盘整体略呈圆角长方形，磨面略凹。磨棒
呈长条圆柱形，一端稍大。

2001年兴隆沟遗址第一地点东区发掘现场
Excavation Scene of Eastern District at Location I of
Xinglonggou Site in 2001

石斧
Stone Axe

兴隆洼文化
刃宽13、长19厘米
克什克腾旗南台子遗址出土
内蒙古自治区文物考古研究所藏

磨制。整体近圆角方形，刃部稍宽于顶，近
顶部向内略打凹呈亚腰状。表面磨制平滑，
边缘保留打制的粗糙痕迹。

骨锥 Bone Awl

兴隆洼文化
长14.5、宽1.5厘米
克什克腾旗南台子遗址出土
内蒙古自治区文物考古研究所藏

形若匕首，内面略凹，顶部有钻孔。

骨柄石刃刀 Knife with a Bone Handle and Stone Blade

兴隆洼文化
长23、宽2.5厘米
克什克腾旗南台子遗址出土
内蒙古自治区文物考古研究所藏

利用动物肢骨磨制而成。顶部磨成
圆弧形，刀身中间磨出纵贯血槽，
尖部两侧磨成斜刃，刀刃一侧磨出
凹槽以镶嵌石刃。

骨刀柄

Bone Knife Handle

兴隆洼文化

残长14.05厘米，凹槽长7.5、深0.1~0.45厘米

林西白音长汗遗址出土

内蒙古自治区文物考古研究所藏

磨制。器表被腐蚀，有许多小凹坑，不甚平整。
柄部呈弧形，前部呈三角形，一侧磨出凹槽，用
来镶嵌石刃，尖部已残。

石锄 Stone Hoe

兴隆洼文化
长22、宽18厘米
林西白音长汗遗址出土
内蒙古自治区文物考古研究所藏

表面打磨十分平整。整体呈梯形，四角圆滑，
顶部厚，至刃部渐薄。

石锛 Stone Adze

兴隆洼文化
长5.1、刃宽3、厚0.4厘米
林西白音长汗遗址出土
内蒙古自治区文物考古研究所藏

打磨光滑。侧锋，直刃，刃稍宽于顶。

石凿 Stone Chisel

兴隆洼文化
长10、宽1.8、厚0.3厘米
林西白音长汗遗址出土
内蒙古自治区文物考古研究所藏

长条形，一面弧起，底端由两边向中部
弧收，刃部残。

石核 Stone Core

兴隆洼文化
长7.8、直径1.5厘米
林西白音长汗遗址出土
内蒙古自治区文物考古研究所藏

整体形状呈棱锥形。台面平整，台的平面近椭
圆形。

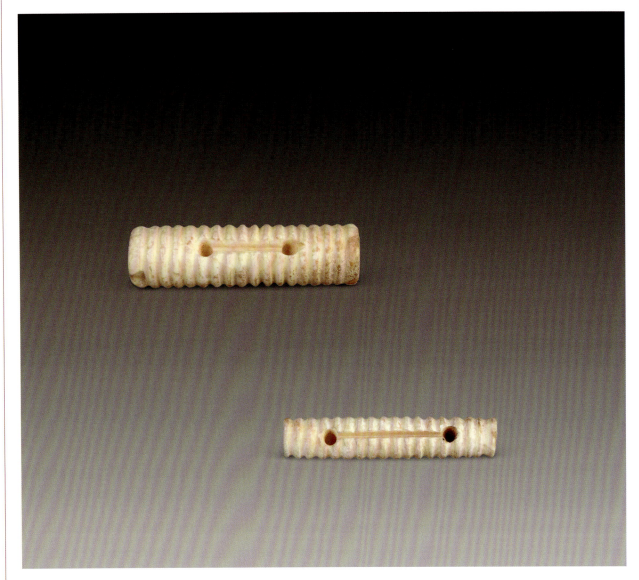

螺纹石棒饰

Stone Ornaments with Whorled Patterns

兴隆洼文化

上：长7.1、直径1.9～2厘米

下：长6.1、直径1.1厘米

林西白音长汗遗址出土

内蒙古自治区文物考古研究所藏

磨制。圆柱形，在器表磨制横向十七个平行凹槽，在中部一侧磨出一个纵向凹槽，其两端各钻一个圆坑，未透。横剖面略呈椭圆形，纵向凹槽穿过两个圆坑后中止，但两孔外侧凹槽较浅。

石串珠
Set of Stone Beads

兴隆洼文化
长7.6厘米，单个直径0.8、孔径0.4、高1.8厘米
林西白音长汗遗址出土
内蒙古自治区文物考古研究所藏

白色，类似汉白玉。形近算珠，两面钻孔。

石臂钏

Stone Armlets

兴隆洼文化
上：长4、宽2.2厘米
下：长8.2、宽7厘米
林西白音长汗遗址出土
内蒙古自治区文物考古研究所藏

一件中部内凹，致使上下两缘呈凸起窄条状，并在其上饰竖向平行阴线，两端各有两个由外向内的单向钻孔。一件两边各有两个钻孔，系绳相连接，合成圆环形。磨制光滑。

环形蚌饰

Clam-shell Ornament

兴隆洼文化

长6.4、宽6.6厘米

林西白音长汗遗址出土

内蒙古自治区文物考古研究所藏

贝壳磨削去顶部露出环状，一端下缘做出锯齿状。

环壕聚落

Moat-surrounded Settlement

The Formative Period Of Chinese Civilization

约在公元前6000年，

辽河流域的原始村落

已有明确的规划，

居住区周围有圆形的壕沟

用以防御野兽侵袭，

且利于排水。

环壕内房址密集

有序地成排分布，

房址间建造有储藏物资的窖穴，

居住区中心有大房址和广场，

应为氏族公共活动的场所。

发掘所见的查海人聚落，房址经过统一规划，南北成行，东西成排，共发现55座，可分为大、中、小三种，面积在20~100平方米之间。遗址中部有一座大房址，面对开阔的中心广场，广场上有一石块堆塑的巨龙。当为氏族聚会和祭祀活动的场所。

查海遗址总平面图
Plan of the Chahai Site

图例：

井 探方　　G 壕沟

M 墓葬　　H 窖穴　　F 房址

刻划篦纹筒形陶罐

兴隆洼文化
口径20.5、高31厘米
阜新查海遗址出土
辽宁省文物考古研究所藏

夹砂黄褐陶。大敞口，束颈，腹微鼓，平底。颈部为两周篦点纹夹杂三周凹弦纹，颈部以下为篦点纹与水波纹相间使用。纹饰皆以硬物刻划而成。

筒形陶罐

Cylindrical Pottery Jar

兴隆洼文化
口径21、高27厘米
林西白音长汗遗址出土
内蒙古自治区文物考古研究所藏

夹砂黄褐陶，内壁呈黑褐色。微侈口，圆唇，上腹较直，下腹斜收，中腹微弧，平底。外叠口沿较厚，呈外凸弧形。口沿下有九道凹弦纹，上部凹弦纹间距小，最下两道间距宽，凹弦纹内以"之"字纹为底纹，上饰双线勾连纹，腹部主体纹饰为"之"字纹。

筒形石罐

Cylindrical Stone Jar

兴隆洼文化
口径18、高25厘米
克什克腾旗南台子遗址出土
内蒙古自治区文物考古研究所藏

磨制。器表平整光滑，有小的麻坑。直
口，方唇，微弧壁，平底。器表有磨制时
留下的划痕，细而浅。

兴隆洼遗址位于内蒙古赤峰市敖汉旗，自1983年至1993年先后历经6次发掘，揭露面积3万余平方米，清理房址170座，墓葬30余座。遗址布局经过统一规划。居住区外环绕近圆形围沟，内有成排分布的房址，最大的两间并排位于聚落中心，面积达140平方米。这是目前国内通过考古发掘全面揭露出来的保存最完整、年代最早的史前聚落。

兴隆洼遗址1992年发掘区
Xinglongwa Site under Excavation, Taken in 1992

原始宗教

Primitive Religion

龙

作为一种

被高度神化的动物形象，

其起源与宗教祭祀相关。

查海遗址大型龙形堆石，

位置在聚落的中心，

充分体现出其地位的尊崇。

同时墓葬随葬精美玉器，

也与通神有关。

诸多女性石刻雕像的出土，

反映了自然崇拜

也发展到被人格化的阶段。

这是辽河流域文明起步的重要标志。

这条石堆龙发现于查海遗址的中心部位，用红褐色大小均等的石块堆塑而成，全长19.7米。这是中国迄今发现年代最早的龙形象，表明辽河流域是龙的故乡。

龙形象										
年代	距今7600年	距今6000年	距今6000年	距今5500年	距今5000年	距今5000年	距今4500年	距今4000年	距今3800年	距今3000年
文化类型	查海文化	仰韶文化	赵宝沟文化	红山文化	红山文化	仰韶文化庙底沟类型	龙山文化陶寺类型	夏家店下层文化	二里头文化	商文化
出土地点	辽宁阜新查海	河南濮阳西水坡	内蒙古敖汉旗小山	辽宁凌源、建平牛河梁	内蒙古翁牛特旗三星他拉	甘肃甘谷西坪	山西襄汾陶寺	内蒙古敖汉旗大甸子	河南偃师二里头	河南安阳小屯

中国早期龙形象比较图
Examples of Dragon Images of Early China

查海遗址石堆龙
Stone-piled Dragon at the Chahai Site

龙纹陶片
Pottery Shards with Dragon Pattern

兴隆洼文化
大：长6.8、宽6、厚1.1厘米
小：长6.5、宽3.5、厚1.1厘米
阜新查海遗址出土
辽宁省文物考古研究所藏

夹砂红褐陶。为陶器上龙纹的残片，龙身蜷曲，有鳞无足。与查海遗址出土蛇衔蟾蜍陶罐上的蛇形象相比较，没有太大差别，但是龙身有粗大鳞纹。

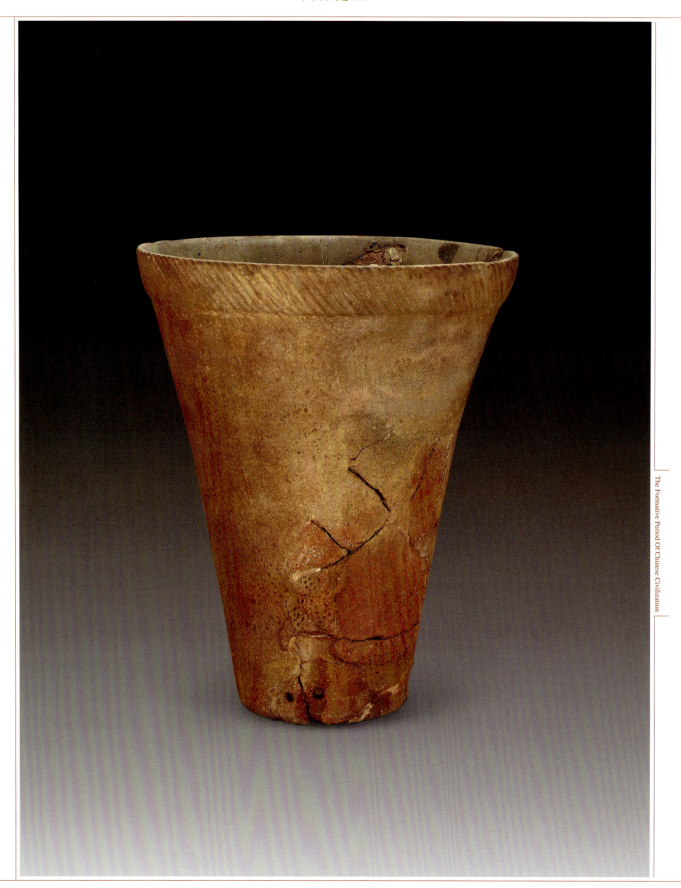

蛇衔蟾蜍筒形陶罐

Cylindrical Pottery Jar with a Toad
in the Mouth of a Snake

兴隆洼文化

口径33、高47厘米

阜新查海遗址出土

辽宁省文物考古研究所藏

夹砂黄褐陶。敞口，方唇，腹斜收，平底。口沿下饰斜
线纹。陶罐一面浮雕单个蟾蜍，另一面浮雕蛇衔蟾蜍。
龙的起源，有源于鳄鱼说、蜥蜴说、虺蛇说。陶罐上的
蛇衔蟾蜍画面，以及查海遗址出土的龙纹陶片、大型石
堆龙等，似乎暗示作为中华民族象征的"龙"的形象，
是以蛇身为主体的，龙是由蛇演变而来的。

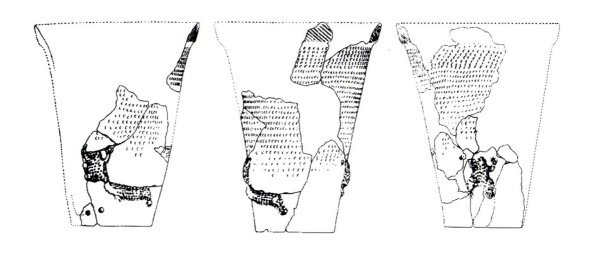

这种圆雕的裸体女性石雕像，出土时栽立在室内中央火塘近旁。她既是一件古老的艺术作品，又是一尊与原始宗教密切相关的女神像。女神崇拜现象在辽河流域的原始先民中流行已久，女神像实则就是神灵的人格化形象，她往往被赋予"生殖女神"、"家族守护神"、"灶神"、"火神"等多重神格，以万物有灵为核心的原始宗教发展到神被人格化阶段，这是一个不小的进步。

白音长汗遗址A区19号房址灶后栽立的石雕人像
Stone Sculptured Figure Excavated from House-remains 19 of District A at Baiyinchanghan Site

石雕人像

Sculptured Stone Figure

兴隆洼文化
胸阔10.8、腹背轴长15.7、高36.6厘米
林西白音长汗遗址出土
内蒙古自治区文物考古研究所藏

头部呈上削下阔的三角形，约占整体比例的三分之一。颅顶尖削，前额突出，双眼大而深陷，外眼角向上斜吊，鼻翼较宽，颧骨丰隆，下颏后缩，吻部略突，鼻下磨出一条浅痕，用以标示口形。胸部平坦无乳，体侧依稀可见贴身垂下的双臂，腹部两侧偏上各有一处圆形突起与手臂相连，表现的应是双手。腹部正中亦可观察到一处微微隆起的圆形突起，背面的颈项部位加工出一条凹带，使头与躯干形成明显的两段，背脊前曲，似做弓身跪踞状。下端打制加工成楔形以便安置时栽立。

石人像

Sculptured Stone Figure

兴隆洼文化
底径5.3、高9厘米
敖汉旗宝国吐乡兴隆洼遗址采集
敖汉旗博物馆藏

由黄褐色细砂岩刻磨而成。椭圆体，顶端圆钝，下端平。上部磨出倒桃形面部轮廓，顶部刻细网格表示头发，圆眼，蒜头形鼻，嘴不甚明显，两手捧于腹部，双腿盘坐，头后部亦刻出网格纹头发。这是最先发现的兴隆洼文化的石刻人像。其采取造型和线刻相结合的高度抽象的艺术手法，显示出兴隆洼人的艺术水平。

　　玦由辽河流域起源，一路向东北亚分布，直到日本列岛；一路向东南传播，直到南海诸岛，形成一个代表东方文明的"玦文化圈"。

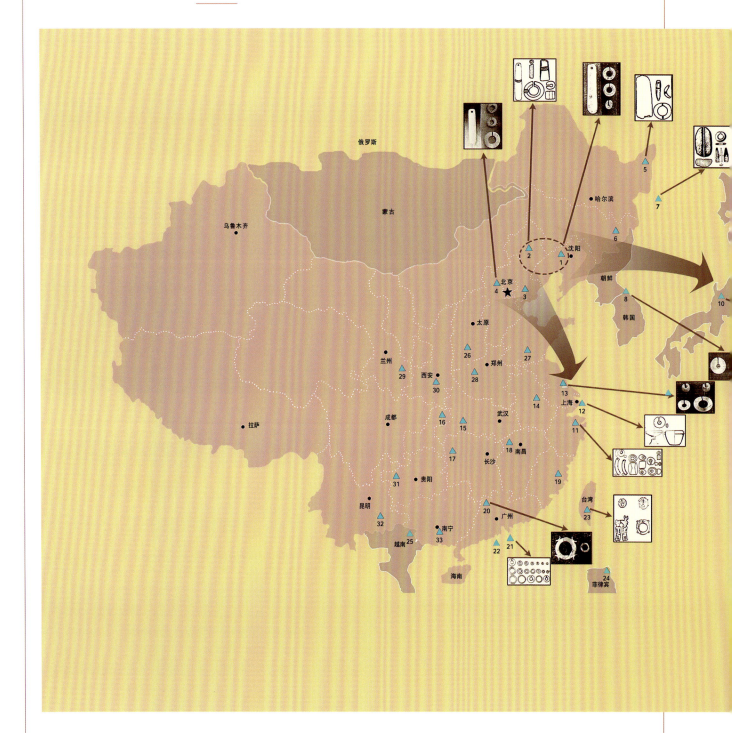

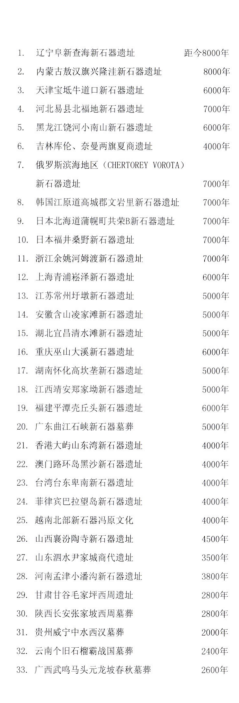

玉玦

玉玦

1.	辽宁阜新查海新石器遗址	距今8000年
2.	内蒙古敖汉旗兴隆洼新石器遗址	8000年
3.	天津宝坻牛道口新石器遗址	6000年
4.	河北易县北福地新石器遗址	7000年
5.	黑龙江饶河小南山新石器遗址	6000年
6.	吉林库伦、奈曼两旗夏商遗址	4000年
7.	俄罗斯滨海地区（CHERTOREY VOROTA） 新石器遗址	7000年
8.	韩国江原道高城郡文岩里新石器遗址	7000年
9.	日本北海道蒲幌町共荣B新石器遗址	7000年
10.	日本福井桑野新石器遗址	7000年
11.	浙江余姚河姆渡新石器遗址	7000年
12.	上海青浦崧泽新石器遗址	6000年
13.	江苏常州圩墩新石器遗址	5000年
14.	安徽含山凌家滩新石器遗址	5000年
15.	湖北宜昌清水滩新石器遗址	5000年
16.	重庆巫山大溪新石器遗址	6000年
17.	湖南怀化高坎垄新石器遗址	5000年
18.	江西靖安郑家坳新石器遗址	5000年
19.	福建平潭壳丘头新石器遗址	6000年
20.	广东曲江石峡新石器墓葬	5000年
21.	香港大屿山东湾新石器遗址	4000年
22.	澳门路环岛黑沙新石器遗址	4000年
23.	台湾台东卑南新石器遗址	4000年
24.	菲律宾巴拉望岛新石器遗址	4000年
25.	越南北部新石器冯原文化	4000年
26.	山西襄汾陶寺新石器遗址	4500年
27.	山东泗水尹家城商代遗址	3500年
28.	河南孟津小潘沟新石器遗址	3800年
29.	甘肃甘谷毛家坪西周遗址	2800年
30.	陕西长安张家坡西周墓葬	2800年
31.	贵州威宁中水西汉墓葬	2000年
32.	云南个旧石榴霸战国墓葬	2400年
33.	广西武鸣马头元龙坡春秋墓葬	2600年

"玦文化圈"示意图
Distribution of 'the Cultural Circle of Jade Slit-rings'

玉玦 Jade Slit-rings

兴隆洼文化

左：外径1.4、内径0.5、厚0.5厘米

右：外径1.7、内径0.6、厚0.6~0.7厘米

阜新查海遗址出土

辽宁省文物考古研究所藏

玉质沁成乳白色，经鉴定为透闪石软玉。正圆形，玦环体，宽而厚。出土时，恰位于墓主人的头骨两旁，应为耳饰。这是中国乃至全世界已知最早的真玉器。

玉匕形器

Dagger-shaped Jades

兴隆洼文化

长5.4~10.4、宽1.2~1.4、厚0.35~0.4厘米不等

阜新查海遗址出土

辽宁省文物考古研究所藏

以乳白色为主，夹杂墨绿色。扁条状，一面弧起，一面内凹，下端呈圆
弧状，边缘皆磨薄。顶端有钻孔，用以穿系。

玉斧 Jade Axe

兴隆洼文化
长3.9、顶宽2.1、刃宽2.1、厚0.6厘米
阜新查海遗址出土
阜新查海遗址博物馆藏

乳白色。通体磨光。扁平长条形，上端两角
残缺，两侧磨平，棱角分明，小斜弧刃，正
锋，刃锋利，有崩疤。

 玉斧 Jade Axe

兴隆洼文化
长6.8、顶宽4.9、刃宽6、厚1.8厘米
阜新查海遗址出土
阜新查海遗址博物馆藏

乳白色。通体磨光。扁圆梯形，顶端平直，
小圆角，疤痕较重，侧面略显棱角，弧刃，
正锋，刃锋利，有崩疤。

玉凿 Jade Chisel

兴隆洼文化
长6、顶宽1.4、刃宽1.4、厚1.4厘米
阜新查海遗址出土
阜新查海遗址博物馆藏

墨绿色。通体磨光。多棱角长柱体，顶端两角残缺，侧面磨平，棱角分明，小弧刃，正锋，刃锋利，有破碴。

玉凿 Jade Chisel

兴隆洼文化
长4.9、顶宽1、刃宽1.5、厚1.8厘米
阜新查海遗址出土
阜新查海遗址博物馆藏

浅绿色玉。通体磨光。扁圆梯形，顶端圆角小平面，两侧近刃端棱角分明，斜直刃，正锋，刃锋利。

玉凿 Jade Chisel

兴隆洼文化
长5.9、顶部宽1.2、刃残宽1.5、厚0.8厘米
阜新查海遗址出土
阜新查海遗址博物馆藏

乳白色。通体磨光。扁平梯形，顶端一角崩
残，两侧磨平，棱角分明，弧刃，正锋，刃锋
利，一角有崩痕。

玉凿 Jade Chisel

兴隆洼文化
长4.4、顶宽1.2、刃宽1.5、厚0.7厘米
阜新查海遗址出土
阜新查海遗址博物馆藏

乳白色，表面钙化。通体磨光。扁圆长条
形，顶端平滑，有崩疤，斜直刃，正锋，刃
锋利。

玉锛 Jade Adze

兴隆洼文化
上残长3.3、上宽2.4、下宽2.8厘米
敖汉旗宝国吐乡兴隆沟遗址采集
敖汉旗博物馆藏

碧玉，有黑斑。端残断不存，单面刃较钝并向一侧斜，侧边起棱，一面存有钻孔残痕。器表光滑，造型讲究，表明兴隆洼文化时期玉器制作技术已达到一定水平。

玉玦 Jade Slit-ring

兴隆洼文化
外径4、孔径1、厚0.5厘米
林西白音长汗遗址出土
内蒙古自治区文物考古研究所藏

青绿玉。平面呈椭圆形，横剖面呈扁鼓形。薄体，平整。中部最厚，向边缘渐薄，中部对钻一个圆形孔。玦口外侧较宽，向内渐窄。

蚌人面饰
Shell with Human-facial Pattern

兴隆洼文化
长4.3、宽3.5厘米
林西白音长汗遗址出土
内蒙古自治区文物考古研究所藏

以浅阴线刻磨出眼眶、嘴部与牙齿，以钻而
不透的圆槽表示眼珠，造型简单。额头并列
二钻孔，下巴处一个钻孔，用以穿系佩戴。

玉管
Jade Pipe

兴隆洼文化
长4.1、直径1.6~1.8、
孔径0.6~0.7厘米
林西白音长汗遗址出土
内蒙古自治区文物考古研究所藏

青绿玉。一端平齐，一端斜口。
横剖面呈椭圆形，斜面较长，两
端中部对钻一个纵向圆形孔。器
表有裂隙纹理。

斜口玉管

兴隆洼文化

长9.5、最大径2.5、孔径1.2厘米

林西白音长汗遗址出土

内蒙古自治区文物考古研究所藏

玉质沁成白色。圆管状，两端制成交叉向斜
口，剖面为梯形。

玉管

Jade Pipe

兴隆洼文化

长3.8、直径1.3~1.5、孔径0.4~0.9厘米

林西白音长汗遗址出土

内蒙古自治区文物考古研究所藏

青绿玉。一端平齐,一端斜口。横剖面呈不规则圆形。斜口长度不大,由斜口面中部单向钻一个纵向圆孔,孔内布满等距离螺纹凹槽。越向平齐端孔径越小,到平齐面孔不居中,偏向一侧。

玉锥形器

Awl-shaped Jade

兴隆洼文化

长7、直径0.4厘米

林西白音长汗遗址出土

内蒙古自治区文物考古研究所藏

碧玉。锥形,尖部圆钝,顶端亦作钝锥状。

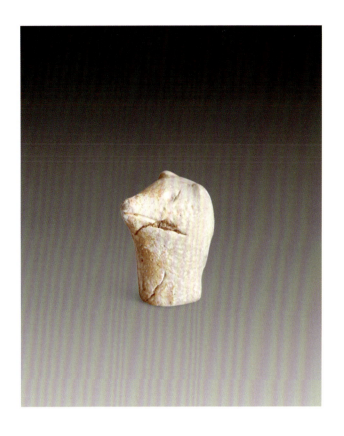

石雕熊首饰件

兴隆洼文化
头部长2、宽1.9、高2.5厘米
林西白音长汗遗址出土
内蒙古自治区文物考古研究所藏

白色。作立耳尖嘴熊首，钻浅圆凹槽表示眼睛，整体形态生动写实。熊首底端有圆形凹槽，似为铆接在其他材质之上使用。推断其为杖首的可能性较大。

玉
匕
形
器

Dagger-shaped Jade

兴隆洼文化

长14.9、宽2.5、厚0.7厘米

巴林右旗查干诺尔苏木锡本包楞出土

巴林右旗博物馆藏

青玉，有较多白色絮状沁斑。匕形，一面微鼓，另
一面微凹，顶端有一穿孔，末端较薄呈刃状。

新乐遗址位于沈阳市北部黄土台地上，距今约7000年，由40多座房屋组成。陶器有饰压印"之"字纹和弦纹的直筒罐、高足钵和斜口器，石器有磨制的斧、凿、磨盘、磨棒，以及数量较多的细石器，还有玉器、木雕艺术品和煤精制品。是辽河下游平原最具代表性的史前遗址。

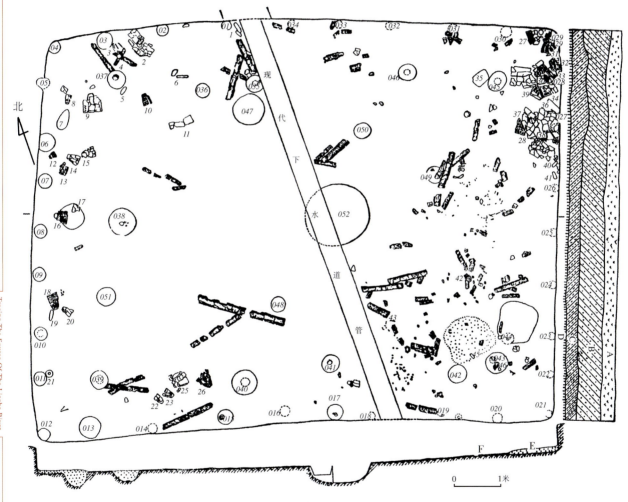

新乐遗址2号房址平、剖面图
Plan and Section of House-remains 2 at the Xinle Site

01～051.柱洞　052.火塘　A.表土　B.上文化层　C.下文化层　D.生土　E.红烧土　F.烧结面

1、5、6、19、33.石磨棒　2、4、8、9、10、12～16、18、20、22～32、34、36～39、42、46.陶深腹罐　3.鸟形木雕　7、11、35.石磨盘　41、44.石斧　42.圆凿式雕刻石器　43.磨石

木雕鸟纹权杖

Wood Scepter with Carved Bird Pattern

新乐文化（距今约7000年）

长约38.5厘米

沈阳新乐遗址出土

新乐遗址博物馆藏

由嘴、头、身、尾、柄组成。全身双面雕
琢禽首图案和菱形羽鳞，形似一只振翅欲
飞的大鹏鸟，应系当时氏族的图腾标志，
也应是后来许多北方民族共有的鸟图腾崇
拜之滥觞。

煤精制品

Black Amber Relics

新乐文化

煤精球形器：直径1.2~1.3厘米

煤精泡形器：直径3.35、厚0.45、高1.2厘米

煤精耳珰形器：左：底径1.4、高2.5厘米　右：底径1.8、高3.6厘米

沈阳新乐遗址出土

新乐遗址博物馆藏

形状有耳珰形、球形和泡形器等，打磨光滑，工艺精美。据有关专家考证，
这些制品与原始占卜有关。新乐遗址出土的煤精制品，原料产自抚顺。

玉斧 Jade Axe

新乐文化

长6.7、宽3.2、厚0.8厘米

沈阳新乐遗址出土

新乐遗址博物馆藏

玉质沁成白色，些许部位透出原先的碧玉质。

直刃。表面及两侧缘磨制圆润光滑。

玉凿 Jade Chisel

新乐文化
长9.6、宽1.7、厚0.9厘米
沈阳新乐遗址出土
新乐遗址博物馆藏

玉质沁成白色。长条形，侧锋，刃部稍呈弧形，表面打磨圆润光滑，两侧缘棱角线分明，玉凿顶端较为粗糙，似未经打磨。

玉刻刀

Jade Graver

新乐文化

长11.5、宽1.25、厚1.2厘米

沈阳新乐遗址出土

新乐遗址博物馆藏

墨绿与乳白夹杂玉质。长条圆柱体，一端由两面斜磨成刃，一端由四面斜磨成尖，四斜面的大小长短不均匀。

玉雕刻器 Jade Burin

新乐文化
长5.9、宽1.3、厚0.9厘米
沈阳新乐遗址出土
新乐遗址博物馆藏

墨绿玉。长条形，器体表面隆起较饱满，两端均双
向打磨成正锋直刃，一端稍宽，窄端刃部有缺口。
器体一边侧缘保留有玉料切割留下的痕迹。

古　国

Primitive State

　　公元前3500年左右，我国的文明进程进入了加速期，随着生产力的不断提高，社会进入了古国时代，逐渐形成了"多元并进"的发展格局。辽宁西部地区发现了牛河梁红山文化规模宏大的"坛庙冢"祭祀礼仪性建筑、成组的女神像和以龙、凤、人等为题材的玉器群，形成一处史前宗教圣地和政治中心，表明红山文化以原始礼制与神权的高度发达，跨进古国时代。

By about 3500 BC, the Chinese civilization entered a new stage of development. With the continuous increase of productive forces, early China came to the period of *Guguo*(Primitive State), and the development pattern gradually shows that "multi areas developed together". The Hongshan cultural sites at Niuheliang of western Liaoning have yielded large-scale religious structures consisting of the altar, temple and barrows, set of goddess sculptures, and jade works involving the jade dragon, phoenix and figure. These excavations reveal that there a religious and political center of prehistoric period had already formed. The Hongshan Culture, with its high level of development of ritual system and theocracy, stepped into the stage of Primitive State period.

神庙庄严
Imposing Temple

女神庙位于
牛河梁主梁顶部，
坐北朝南，
给朝圣者以高高在上、
庄严神秘的感觉。
在女神庙北8米处
还有一座大型山台，
占地4万平方米。
女神庙是更高层次的祭祀场所，
已具宗庙性质，
这种神权与王权合一的雏形，
正是早期文明古国的特征。

牛河梁遗址女神庙全景
Panoramic View of the Goddess Temple at Niuheliang Site

红山文化重要遗址分布图
Distribution of Important Sites of the Hongshan Culture

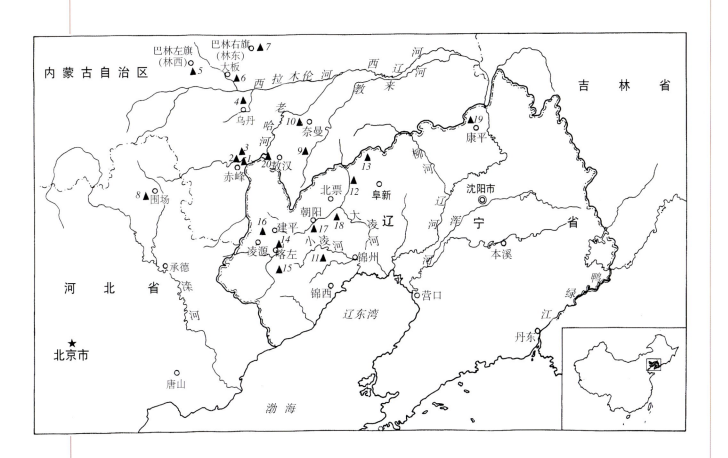

1. 赤峰红山后	8. 围场下伙房	15. 喀左新营子
2. 赤峰蜘蛛山	9. 敖汉旗下洼	16. 凌源、建平牛河梁
3. 赤峰西水泉	10. 奈曼旗	17. 朝阳十二台营子
4. 翁牛特旗三星他拉	11. 锦西沙锅屯	18. 北票白石水库
5. 林西沙窝子	12. 阜新胡头沟	19. 康平城郊
6. 巴林右旗那斯台	13. 阜新福兴地	20. 敖汉旗小河沿
7. 巴林右旗城郊	14. 喀左东山嘴	

泥塑手 Sculptured Clay Hands

红山文化（距今约6000~5000年）
大：长21、宽19、厚9.5厘米
小：长13、宽11.5、厚4.5厘米
牛河梁遗址女神庙出土
辽宁省文物考古研究所藏

泥塑人像的手部。小者微微握拳，指掌纤细，与真人手掌一般大小；大者五指并伸，手指间有较大间隙。

泥塑耳 Sculptured Clay Ear

红山文化
长16、宽9.5、厚4.5厘米
牛河梁遗址女神庙出土
辽宁省文物考古研究所藏

泥塑人耳，大小约相当于真人耳尺寸的3倍。

壁画残块

Pieces of Wall-painting

红山文化
大：残长7.8、宽7.6厘米
小：残长4.6、宽3.5厘米
牛河梁遗址女神庙出土
辽宁省文物考古研究所藏

壁画残块形状不规则，其壁面抹压平整光滑，用朱红色颜料彩绘勾连几何形纹饰，壁面上有自然细小的干裂纹；背面印有木骨架的痕迹。这应是中国境内发现较早的居室彩绘壁画。

女神头像出土现场
Unearthed View of Head of Clay Goddess Sculpture

女神头像

Head of Clay Goddess Sculputre

红山文化

面宽16.5、残高22.5厘米

牛河梁遗址女神庙出土

辽宁省文物考古研究所藏

女神头像出土于女神庙主室两侧，用黄黏土掺草禾塑成。大小接近真人，面部磨光并涂朱，五官比例和谐，带着一丝古拙而神秘的微笑，头顶有发髻或饰物，具有蒙古人种特征。尤其是双眼用玉石镶嵌，更显得形神兼备，气韵生动。

祭地敬天

Worshiping Heaven and Earth

东山嘴祭祀遗址位于喀左县城东北，距牛河梁遗址约50公里，面对开阔的大凌河谷，地形居高临下。石砌建筑址长60米，宽40米，南部为圆形祭坛，北部为左右对称的方形基址，以南北轴线布局构成一组完整的祭祀建筑群。

东山嘴遗址出土的陶塑裸体孕妇像为国内首次发现，当为祈求生殖或丰产之地母偶像。同时出土的还有陶盘坐姿神像，表明这也是一处重要的史前祭祀圣地。

牛河梁积石冢
位于山岗顶部，
由单冢、双冢或多冢组成，
冢砌石墙为界，
一冢多墓，
冢上封土积石。
冢界内侧立置成排彩陶筒形器，
有只葬玉器的习俗。
每个山冈中心设一大墓，
颇具王者身份，
是"一人独尊"
思想意识的体现。
冢坛结合，
形状或方或圆，
或方圆结合，
是天圆地方观念的体现。

东山嘴遗址圆形祭坛
The Altar with Circular Ground Plan at Dongshanzui Site

东山嘴遗址全景
Panoramic View of the Dongshanzui Site

陶塑裸体孕妇像 Pottery Figure of a Pregnant Woman

红山文化

残高5.8厘米

喀左东山嘴遗址出土

辽宁省文物考古研究所藏

女像头部残缺，为裸体孕妇形象。体态丰满，臀部外凸，腹部浑圆鼓起。有学者称之为"维纳斯"或"地姆"。有学者认为在原始社会农业氏族的人们视大地如母亲，大地是滋生万物、出五谷的神祇，遂对其加以供奉，祈佑农业丰收。也有的认为是先民祭祀祖先的小偶像。

陶塑人物坐像残件

Pieces of a Pottery Kneeling Woman

红山文化

左：足残长19.3、宽17.5、厚11.9厘米

右：上身残长22、宽20.5、厚6.5厘米

喀左东山嘴遗址出土

辽宁省博物馆藏

泥质红陶，质地坚硬。相当于真人大小的三分之一，上下身各一块，在同
一层位出土，大小比例相若，为同一个体。上身残块成片状，正面为胸腹
部分，塑出手臂，以右手握左手的手腕部，交叉于腹部中间；下身残块有
空内腔，左膝部有一圆孔通入体腔内，整体姿态为盘膝正坐式，右腿搭在
左腿上，下身底部平整。具有红山文化时期的特点。

双龙首玉璜

Arc-shaped Jade Pendant (*Huang*) with Two Dragon Heads

红山文化
长4.1厘米
喀左东山嘴遗址出土
辽宁省博物馆藏

淡绿色。中部对穿一孔，两端各作一龙首，吻前伸，上唇翘起，口微张，眼为菱形框，身饰瓦沟纹。穿孔残。一面雕纹，另一面为素面。

绿松石鸮

Turquoise Owl

红山文化
喀左东山嘴遗址出土
辽宁省博物馆藏

长2.4、宽2.8、厚0.4厘米

片状，分两层，作展翅鸮形，正面用细线雕出鸮的头部、两翼及尾部，背面为黑色，有对穿单孔。

石雕人像

Sculptured Stone Figure

红山文化
宽14、面高18、残高27厘米
敖汉旗四家子镇草帽山积石冢出土
敖汉旗博物馆藏

红色凝灰岩。头戴冠，双目微闭，露出两鬓，宽额大耳，
嘴微外突，雕刻手法细腻，逼真而神化。

石雕人像

Sculptured Stone Figure

红山文化

宽6.2、高19.1厘米

巴林右旗巴彦汉苏木那日斯台遗址采集

巴林右旗博物馆藏

头戴三层相轮式高冠，面部呈菱形，用三角凸棱形示眼、
鼻、嘴，双手捧于胸前，呈踞坐施法状。

石雕人像

Sculptured Stone Figure

红山文化

宽12.5、高35.5厘米

巴林右旗巴彦汉苏木那日斯台遗址采集

巴林右旗博物馆藏

石人呈蹲坐状，眼部凹，起自头顶有一条隆起如发辫状物延至额前，双手合于胸前，手部残缺，无明显性别特征。

石雕女神像

Sculptured Stone Goddess

新石器时代
高23.5厘米
滦平大屯乡营房村西山遗址出土
滦平县博物馆藏

辉绿岩。通体琢制，略加打磨。头发披肩，眼睛与口以一阴刻线表示，鼻略隆。腹部隆鼓，为孕妇形态，臂与腿脚略加表示，双手弯曲抚上腹，双脚相对蹲坐姿态，底部石柱尖形，便于土中戳立。

石雕女神像

Sculptured Stone Goddess

新石器时代
肩宽17、高34厘米
滦平金沟屯镇后台子遗址出土
滦平县博物馆藏

灰白色，通体腐蚀比较严重。裸体孕妇形象，端坐式，面部右侧有铲伤。发
型不明显，两眉粗隆，呈弧状，眼睛以阴刻线表示，微睁，鼻略凸呈三角
形，耳外凸，嘴部略隆，闭口，曲肘，手抚腹，胸部有两乳头，腰腹宽肥，
小腹隆鼓，臂部与柱形小石座相连，腿向内曲，两脚相对。

陶塑三人像

Pottery Figure of Three Woman Embracing Together

新石器时代

最宽4.1、高5.1厘米

敖汉旗兴隆沟遗址21号窖藏坑出土

中国社会科学院考古研究所藏

夹砂红褐陶。为三个女人裸体相拥、手臂交叉相搂的陶塑像，她们似在作一种舞蹈，或可称之为庆丰收的女神像。

双节弦纹玉琮

Jade *Cong* with String Pattern

新石器时代

宽6.8、内径6.5、高7.7厘米

滦平金沟屯镇西村砖厂后台子遗址出土

滦平县博物馆藏

玉料呈淡黄色。外方内圆，有对钻而成的穿孔，以四棱为脊线组成上下八组长方形凸面，每凸面边沿处以三条横向阴线作装饰，圆孔内壁琢磨光滑。此玉琮是良渚式玉琮发现地点最北的一件，说明南北文化的交流。

鹿纹灰陶尊

Pottery *Zun*-container with Deer Pattern

赵宝沟文化（距今约7000～6000年）
口径26.5、底径11、高23.5厘米
敖汉旗牛古吐乡南台地遗址采集
敖汉旗博物馆藏

夹细砂灰褐陶。敞口，长颈，鼓腹，平底。腹部压划两个鹿首神兽纹，鹿纹压出外形轮廓线，内压划细网格纹，网格均匀细密，间距只有一毫米左右。两鹿一长一短，有远近透视的效果，身体弯曲，生翼，目为柳叶形，尾部出半环加长三角形射线式纹，长体鹿身起鳞。

鹿纹灰陶豆

Pottery *Dou-*vessel with Deer Pattern

赵宝沟文化
口径22.1、底径10.3、足高5.6、通高12.5厘米
敖汉旗牛古吐乡敖吉南台地遗址采集
敖汉旗博物馆藏

夹细砂灰褐陶,火候不均,一侧灰黑,一侧暗
黄色。敛口,圆唇,高足。口沿下有一道弦
纹,弦纹至足根部压出双鹿纹,长颈细躯,间
饰卷云纹。鹿纹一般饰于陶尊上,饰于陶豆属
首见。

鸟纹彩陶豆

Painted Pottery *Dou-vessel* with Bird Pattern

小河沿文化

口径9.5、底径8、高17.1厘米

赤峰元宝山区哈拉海沟遗址出土

内蒙古自治区文物考古研究所藏

泥质红陶。敛口，鼓腹，粗柄，圈足。上腹部以黑彩平行线切分为连续的四组水鸟纹，水鸟长足长颈，两两相对而立，好似立于水中引颈高歌，反映了当地多沼泽、多鹳鹤一类禽鸟的自然景象。

Painted Pottery Jar with a Lid

彩陶盖瓮

红山文化

口径13.2、腹径 42.4、底径12、通高49.2厘米

牛河梁遗址第二地点四号冢6号墓出土

辽宁省文物考古研究所藏

泥质红陶，红陶地上饰黑彩。敛口，圆唇，广肩，鼓腹，小平底，腹部饰竖桥状耳，圆碟式盖，顶端有半环形捉手。盖身饰重圈纹，瓮身饰三周勾连涡纹带。

Tracing The Source Of The Liaohe River
Civilization:

古国 | Primitive State

彩陶筒形器

Painted Pottery Cylinder

红山文化

底径26、高48厘米

牛河梁遗址女神庙出土

辽宁省文物考古研究所藏

泥质红陶。筒形器中空无底。器身饰有黑彩三角勾连纹。筒形器在红山文化积石冢中大量出土和有规律的排列，成为红山文化葬制的一大特色。有的专家认为它应是一种宗教祭器，因为这种器物无底，上下可以贯通，这样可以使死者的灵魂与天地沟通，求得神的保佑。

彩陶鼎式罐

Painted Pottery *Ding-vessel*

红山文化
口径8、残高12.4厘米
敖汉旗丰收乡杜力营子遗址征集
敖汉旗博物馆藏

夹砂红陶，挂红衣施黑彩。敛口，圆肩，桥形三足均脱落。肩腹界起两道附加堆纹，肩部三道黑彩，附加堆纹间填黑彩，腹至底部三排相对的三角纹。三足彩陶器且三足为桥形，在红山文化中实属罕见。

彩陶钵

Painted Pottery *Bo-bowl*

红山文化
口径11.6、底径3.5、高5.3厘米
敖汉旗新惠镇康家营子乡木头场子遗址出土
敖汉旗博物馆藏

泥质红陶，挂红色陶衣。直口，圆唇，折腹，腹下渐收，小平底。口沿下至折腹绘有黑彩，分三等份用蝌蚪状细线分隔，空地处饰四个卷勾纹。

古国 | Primitive State

以玉为礼

Jades for Ritual

红山文化时期，

人们相信玉能通神。

在牛河梁宏大的

积石冢群中随葬的玉器，

不但随墓葬的规格而变化组合，

且集中体现为"唯玉为葬"，

表现出并由此衍生出

以玉礼神的观念，

这已是后世礼制的雏形。

牛河梁遗址全景
Panoramic View of the Niuheliang Site

玉猪龙 Jade Pig-dragon

红山文化
宽10.4、厚4.3、高15.7厘米
建平征集
辽宁省博物馆藏

白玉。猪龙肥首大耳，约占全躯之半。双目圆睁，外雕双连弧曲眶线，使额部如后来商代特有之菱形纹。鼻部加刻数道皱纹，吻较长，与蜷曲之尾衔接，犹未断开，处于较早阶段。通体厚重，制作规整，造型雄浑粗犷，充分体现红山文化玉器的艺术风格与时代气息。是已发现红山文化玉猪龙中最精致的一件。

第二地点共6个单元。东西长150米，南北宽60米。以2号积石冢与3号祭坛为这个冢群的中心。2号冢有中心大墓，墓口砌出大方台，头部正对祭坛，是已发现牛河梁墓葬中规格最高的。3号祭坛立石三圈，层层高起，石料为远处采来的红色玄武岩。

牛河梁遗址第二地点全景
Panoramic View of the Second Location at Niuheliang Site

21号墓石棺四壁用规整的石板平铺错缝垒砌而成，内壁平直。规格仅次于中心大墓。周身陈祭玉器达20件，是红山文化墓葬中葬玉最多的一座。只葬玉器，不见其他随葬品，充分反映了红山人"唯玉为葬"、"以玉为礼"的葬俗和礼制。

牛河梁遗址第二地点1号冢21号墓
Tomb 21 in Mound 1 from the Second Location at Niuheliang Site

兽面形玉牌饰

Jade Ornament with Beast-
facial Design

红山文化

长 10.3、宽 14.8、厚 0.4厘米

牛河梁遗址第二地点1号冢21号墓出土

辽宁省文物考古研究所藏

玉料呈淡绿色。薄片状，双面雕猪首正面像。大耳、
镂孔圆睛、鼻孔，阴线勾勒出眼眉、鼻、吻廓线，下
颌部有两小孔。

勾云形玉佩

Hook-and-cloud Shaped
Jade Ornament

红山文化

长 8.7、宽 4.3、厚 0.6厘米

牛河梁遗址第二地点1号冢21号墓出土

辽宁省文物考古研究所藏

黄绿色。长方形，中心有一圆孔，外四角呈圆形卷
勾，边缘部钻一小孔。素面。与其他红山文化勾云形
玉佩相比较，这件玉器的造型较为抽象和简略。

玉箍形器

Hoop-shaped Jade Ornament

红山文化

长10.6、长径6.9、短径5.2、斜口最宽8.5、壁厚0.5厘米

牛河梁遗址第二地点1号冢21号墓出土

辽宁省文物考古研究所藏

淡绿色。扁圆筒状，一端作平口，一端作斜口，平口端有三小孔，斜口外撇，开口缘部呈刃状。有磕伤。

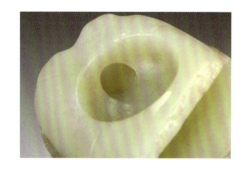

玉龟壳

Jade Tortoise-shell

红山文化

长5.4、宽4.1、高2.7厘米

牛河梁遗址第二地点1号冢21号墓出土

辽宁省文物考古研究所藏

淡绿色。龟体椭圆，龟壳作隆起状，上有三道竖线，阴线勾勒出龟背纹。腹部正中有一圆凹，之上有对琢两孔。

双联玉璧

Two-ring Jade *Bi*-disc

红山文化

长5.6、宽4.7、大内径 1.9、小内径 0.6、厚 0.3厘米

牛河梁遗址第二地点1号冢21号墓出土

辽宁省文物考古研究所藏

淡绿色。形似大、小二璧相连，整体又近于边角圆钝的三角形，对穿上小下大的穿孔两个，又于两孔之间的边缘处双向磨出"V"形沟槽。玉璧整体中间厚，边缘薄。

玉镯 Jade Bracelet

红山文化
外径7.8、内径6.3、厚0.8厘米
牛河梁遗址第二地点1号冢21号墓出土
辽宁省文物考古研究所藏

淡绿色。圆形，外缘呈刃状，截面为钝三
角形。磨制光滑。

玉珠 Jade Bead

红山文化
直径3.9、宽3.2、孔径1.1~1.4、高3厘米
牛河梁遗址第二地点1号冢21号墓出土
辽宁省文物考古研究所藏

淡绿色。圆角长方体，中束腰，有磨痕，自上
而下通贯一圆孔。

古国 | Primitive State

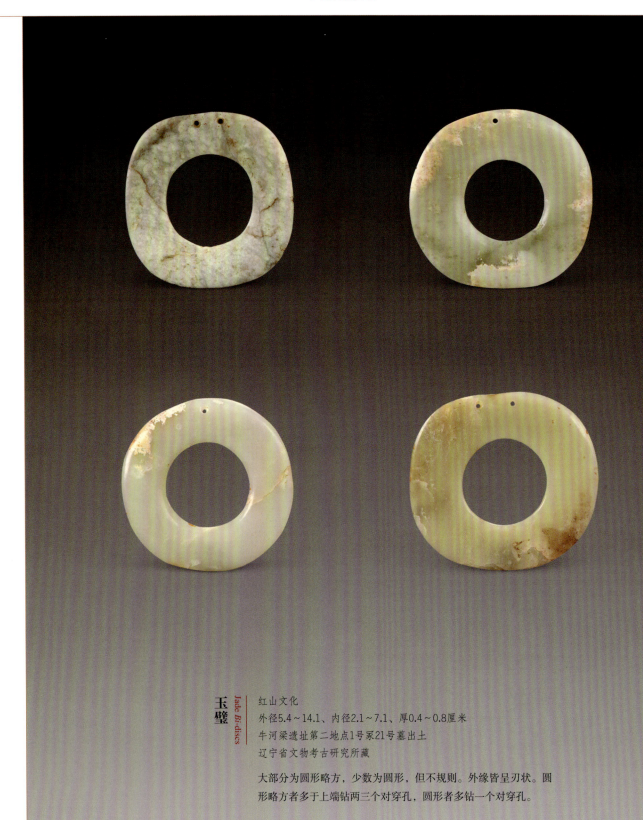

玉璧 Jade Bi-discs

红山文化

外径5.4~14.1、内径2.1~7.1、厚0.4~0.8厘米

牛河梁遗址第二地点1号冢21号墓出土

辽宁省文物考古研究所藏

大部分为圆形略方，少数为圆形，但不规则。外缘皆呈刃状。圆形略方者多于上端钻两三个对穿孔，圆形者多钻一个对穿孔。

兽面形玉佩

Beast-face Shaped Jade Ornament

红山文化

长14.2、宽4.6、厚0.45厘米

牛河梁遗址第二地点1号冢22号墓出土

辽宁省文物考古研究所藏

淡绿色。体长而薄，有正反面之分。反面略内弧，正反面均饰瓦沟纹，正面纹饰较规整，纹饰依体形而盘卷曲折，尤其是因光线照射角度不同，而使玉质的明暗变化极为明显。中间镂出圆孔及弯条状以示眼眉，下端雕刻出五组兽齿。与商周青铜器上的兽面纹表现手法有异曲同工之妙。

红山文化

宽7.8、厚3.3、高10.3厘米

牛河梁遗址第二地点1号冢4号墓出土

辽宁省文物考古研究所藏

淡绿色。大耳，圆眼，吻部前突，口微张，体蜷曲如环，背上有小孔对穿，整体扁圆。

位于1号冢东西轴线的西部，墓圹上口南北长3.95米，东西宽3.42米，南侧挖出5级台阶，石棺居圹穴的北侧，棺四壁用规整的石板和石块平铺错缝垒砌而成，外侧摆放一周大石块，随葬双鸮玉佩、斜口管状玉饰、玉镯和玉饰4件玉器。

牛河梁遗址第二地点1号冢26号墓
Tomb 26 in Mound 1 from the Second Location at Niuheliang Site

The Formative Period Of Chinese Civilization

双鸮玉佩

Jade Ornament with Two
Owls Design

红山文化
长12.9、宽9.5、厚0.6厘米
牛河梁遗址第二地点1号冢26号墓出土
辽宁省文物考古研究所

淡绿色，有土渍。呈长方形。两端用阳线琢出猫头鹰的面部形
状，中间有一略呈长方形的孔，背面一端有两孔，另一端有四
孔，可用来穿系。

勾云形玉佩

Hook-and-cloud Shaped Jade Ornament

红山文化

长17.2、宽10、厚0.7厘米

牛河梁遗址第二地点1号冢14号墓出土

辽宁省文物考古研究所藏

玉质沁成白色。主体部分为圆角方形，中部镂空成圆涡状，上端及右下端各有用以穿系的钻孔一个。四角各伸出一圆钝卷勾，卷勾中部打凹，边缘打薄。造型较之其他勾云形玉佩简单而抽象。出土时已断成两截，刚好从原打孔处裂开。发现原穿孔两侧各有小穿孔一个，应当是用穿绳索或者皮条的方式来固定修复，其方法亦见于同时代甚至更早的陶器的修复方法上，与后世的打锔子类似。

玉环 Jade Ring

红山文化

外径6.7、内径5.6、厚0.5厘米

牛河梁遗址第二地点1号冢14号墓出土

辽宁省文物考古研究所藏

浅绿玉，一面布满土沁。环状，截面呈三角形。通体磨光。

兽面形玉佩

Beast-face Shaped Jade Ornament

红山文化
长28.6、宽9.5、厚0.64厘米
牛河梁遗址第二地点1号冢27号墓出土
辽宁省文物考古研究所藏

玉呈深绿色，间有黄瑕斑。体甚长却很薄，叩之声脆。有
正反面之分。反面略内弧，正反面均饰瓦沟纹，正面纹饰
较规整，纹饰依体形而盘卷曲折，尤其是因光线照射角度
不同，而使玉质的明暗变化极为明显。在纹饰间，透雕一
小圆孔和窄条形镂孔，外形对称。

方形玉璧
Square-shaped Jade *Bi-disc*

红山文化
长13.4、宽12.1、圆孔直径3.4、厚0.8厘米
牛河梁遗址第二地点1号冢11号墓出土
辽宁省文物考古研究所藏

白色，土渍严重。体扁平，近似正方形，一端为圆角，
一端为直角，靠近一边的中部有两个对钻的小圆孔。

蚕形玉器
Silkworm-shaped Jade

红山文化

长12.6、最大径3.3厘米

牛河梁遗址第二地点1号冢11号墓出土

辽宁省文物考古研究所藏

玉质沁成白色，布满土沁。圆柱体，近头部打磨出一匝凹
弦纹，以突出头部，腹下磨出节状，至胸腹部趋于饱满，
而尾部渐趋扁平状。

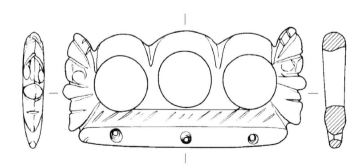

双人首三孔玉梳背饰

Jade Ornament with Two Human-head and Three Holes

红山文化

长16.8、最宽3.1、大孔径1.5、小孔径0.35厘米

牛河梁遗址第二地点1号冢17号墓出土

辽宁省文物考古研究所藏

白色。长方形，两端各有一人首，中间钻三个等距孔，其下对钻三小孔。上下两排孔之间有一凸棱，上阴刻数道短斜线。额上似有冠饰。通体洁白光滑。

鸟兽纹玉佩

Jade Ornament with Bird-and-beast Patterns

红山文化
长10.3、宽7.8、厚0.9厘米
牛河梁遗址第二地点1号冢23号墓出土
辽宁省文物考古研究所藏

浅黄色，边有淡黄色浸蚀。近长方形，用阴线琢出凤鸟身体的线条，其中一端对钻两大孔一小孔，另一端有一对钻小孔，中间有一心形孔。

玉钺

Jade Yue Axe

红山文化
长12.4、宽10.5、厚0.6厘米
牛河梁遗址第二地点1号冢23号墓出土
辽宁省文物考古研究所藏

淡绿色，土渍严重。正方形，一端为圆角，一端为弧
形，中间有一大孔，直边的中部有两个小圆孔。

绿松石坠饰

Turquoise Pendant

红山文化

最长5.2、最宽4、厚0.5厘米

牛河梁遗址第二地点1号冢23号墓出土

辽宁省文物考古研究所藏

一面为翠绿色，另一面为黑色。呈楔形，上端有一对钻小孔，下端为弧形，周边平滑。边缘有微伤。

第十六地点位于凌源三官甸子村西北的山顶上，因早期扰乱结构已不清。积石冢有中心大墓，凿山为石穴，长3.9、宽3.1米，随葬玉器5件，是牛河梁遗址已知规模最大的墓葬之一，墓主人应是一位通神独占的大巫。

牛河梁遗址第十六地点全景
Panoramic View of the Sixteenth Location at Niuheliang Site

牛河梁遗址第十六地点4号墓
Tomb 4 from the Sixteenth Location at Niuheliang Site

玉
人

<figure>Jade Figure</figure>

红山文化

头宽4.5、身宽4.4、足宽2.8、厚2.34、高18.5厘米

牛河梁遗址第十六地点4号墓出土

辽宁省文物考古研究所藏

绿玉。立姿玉人，整体分为四段，即头、上体、下体及足部。头部浅刻出面部形象，上端有一横向纹，表明发髻，其下有阴线表明眼鼻，眼呈弯月形，其下有一道横向阴线分出鼻和嘴，头部两侧有中间微内凹的耳。上身通过阴线刻出臂和手的形象，两手向上置于胸前，可见手指，腰部略内收。下体部分通过一道纵向阴线表明两腿，腿部以下有线纹划分出足部。玉人颈部背面有三个小孔（两侧各一，背面正中一），彼此贯通。玉人左侧背面有较多的红色沁斑。通体磨光。

玉凤出土现场
Unearthed View of Jade Phoenix

**玉
凤**

Jade Phoenix

红山文化

长21、宽12.7、厚1.24厘米

牛河梁遗址第十六地点4号墓出土

辽宁省文物考古研究所藏

浅绿玉。整体造型为一回首卧伏鸟像，用阴线表明鸟的各个部位，鸟嘴较长且宽，回首附于脊上，嘴部上方有一近圆形凸起，其后有高凸起的冠，鸟首用圆形阴线标出中间凸起的眼，身体椭圆，整体表现翼羽及尾羽。体下有略外凸标记，可能为足部。鸟身背面横钻四孔，可用于穿系绳索，但没有穿系物磨损的痕迹。鸟身及尾部背面有较多的石皮痕迹，鸟身下部有原始磕损痕迹。鸟头部有自然节理两道。通体磨光。

玉箍形器

Hoop-shaped Jade Ornament

红山文化

斜口直径8.35、底径6.87、高13.6厘米

牛河梁遗址第十六地点4号墓出土

辽宁省文物考古研究所藏

淡绿玉，一侧有较多的土渍及红色沁斑。整体近似扁圆柱状，长侧近平，短侧圆弧，下端平，上端为斜向切口。下端近底部有两个对称穿孔。通体磨光。

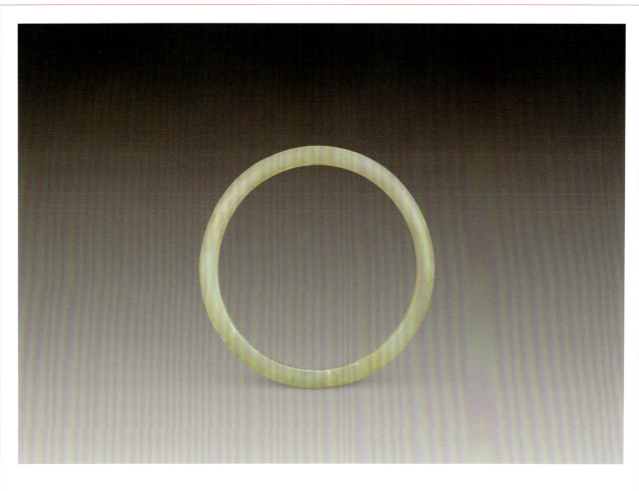

**玉
镯** Jade Bracelet | 红山文化
外径7.6、内径5.97、厚0.88厘米
牛河梁遗址第十六地点4号墓出土
辽宁省文物考古研究所藏

浅绿玉。环状，截面呈圆钝三角形。一侧有
较多瑕疵，并有节理数道。

绿松石坠饰

Turquoise Pendants

红山文化
左：长1.91、宽0.77、厚0.18厘米
右：长1.83、宽0.75、厚0.17厘米
牛河梁遗址第十六地点4号墓出土
辽宁省文物考古研究所藏

两件形状相同，半圆形帽状，圆弧端顶部有一穿孔。

玉蝗虫

Jade Locust

红山文化

长5.4、宽1.7、厚0.9厘米

牛河梁遗址第十六地点2号冢出土

辽宁省文物考古研究所藏

玉质青黄，莹润、半透明。翼翅微展，头部截面作
圆钝三角形，用对钻孔表示双眼，颈、胸、腹分界
明显，尤其胸部凸出而饱满。腹部以三匝浅环纹表
示分节。形象生动。

勾云形玉佩

Hook-and-cloud Shaped Jade Ornament

红山文化

长22.5、宽11.2、厚0.8厘米

牛河梁遗址第十六地点2号墓出土

辽宁省博物馆藏

由湖绿色玉磨制而成。长方扁平，有四个外凸的角为脊，外形作不规则的连弯弧形，中间一镂空卷云形大孔。玉佩正面随器的形状磨成血槽式沟纹，另一面平滑光素，每角各有两个对钻的孔，共四组，边沿呈刃形。在红山文化玉器中多有出现。

方形玉璧

Square-shaped Jade *Bi-discs*

红山文化

上：长11.5、宽10.1、厚0.6厘米

下：长12.6、宽10.2、厚0.5厘米

牛河梁遗址第十六地点2号墓出土

辽宁省博物馆藏

淡青色。近于圆角方形，中间有一大圆孔，体平而薄，上端近边缘或钻一孔、或钻两孔，边沿斜磨成刃，通体光滑无纹饰。从小穿孔看，系佩玉一类。

玉箍形器

Hoop-shaped Jade Ornament

红山文化
长15.5、斜口长径7.4、短径5.8厘米
牛河梁遗址第十六地点2号墓出土
辽宁省博物馆藏

青白玉。整体作椭圆形长筒状，上端作斜坡形口，斜坡口磨成刃状，下端平直口，下端直径略小于上端，外形似倒置的马蹄状。下端两侧各有一个小圆孔，可穿系，筒内有加工时留下的多道痕迹。器壁均薄，外壁光素平滑，斜口处留有磨痕缺口，似经长期使用所致。此器玉青中带黑色瑕纹，在红山文化玉器中多次发现，是该文化具有代表性的器类之一。

玉鸟

红山文化
长2.4、宽1.9厘米
牛河梁遗址第十六地点2号墓出土
辽宁省博物馆藏

淡绿玉。鼓背宽尾，形状似鸟，背面有穿鼻，应是佩戴的饰品。

玉珠

红山文化
外径1.4、孔径0.4、高1.1厘米
牛河梁遗址第十六地点2号墓出土
辽宁省博物馆藏

绿玉。束腰竹节状，中间有圆孔，出土于左边墓壁下。

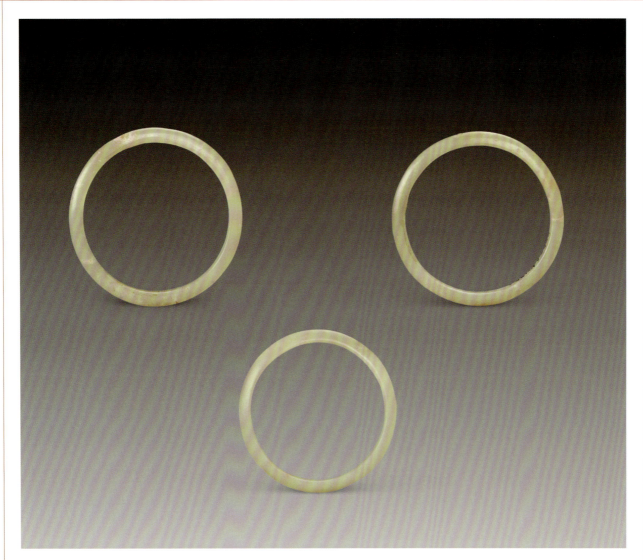

玉环 Jade Rings

红山文化

左：外径8、内径6.3、厚0.8厘米

右：外径6.4、内径5.4、厚0.4厘米

下：外径6.25、内径5.3、厚0.4厘米

牛河梁遗址第十六地点2号墓出土

辽宁省博物馆藏

青玉。均为淡绿色，制作精美，大小有别，里厚外薄，横断面皆呈等腰三角形。

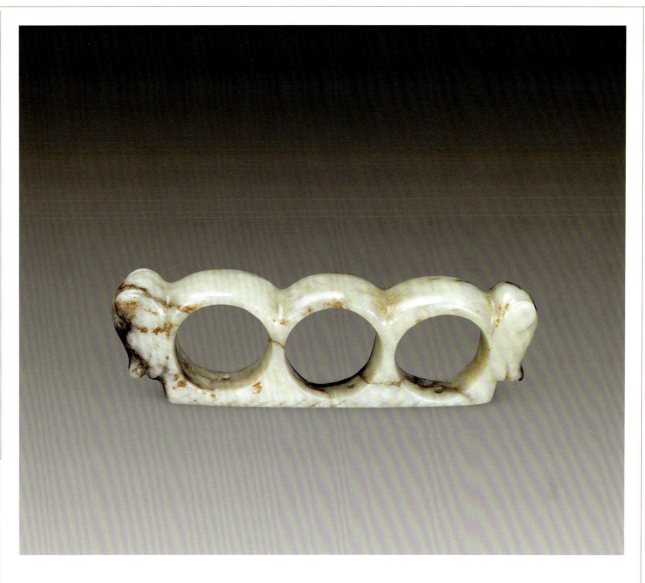

双熊首三孔玉饰
Jade Ornament with Two Bear-head
and Three Holes

红山文化
通长17、最宽3.8、大孔径2.2、厚1.8厘米
牛河梁遗址第十六地点1号墓出土
辽宁省博物馆藏

玉质莹润，半透明。长方形，两侧面各圆雕一兽首，
大耳，尖长嘴，鼻尖微翘，形象应该是熊。正面均匀
钻三个大孔，每个大孔的底边各钻一小孔。大孔与小
孔方向为垂直。似乎用以缝缀在其他材料之上。整体
打磨光滑。

137

第五地点积石冢共3个单元。第一单元为圆形冢，冢界外有直径约35米的土围沟。冢内只设一座中心大墓，为老年男性，土圹起2～3层台阶，随葬7件玉器。第二单元为长方形坛，坛面石堆下有成排人骨。第三单元为方形冢，有成排的石棺墓，发现小型女性塑像。

牛河梁遗址第五地点积石冢（远处为猪山）
Cist Tomb in the Fifth Location at Niuheliang Site

玉璧

Jade *Bi*-discs

红山文化

左：长12、宽10.9、孔径3.9、厚0.6厘米

右：长12.9、宽10.7、孔径3.3、厚0.7厘米

牛河梁遗址第五地点1号冢1号墓出土

辽宁省文物考古研究所藏

黄绿色。方圆形，近缘处有通钻双孔，边缘皆打薄成刃状。

玉龟

Jade Tortoises

红山文化

左：通长9.4、宽8.5、厚2厘米

右：通长9、宽7.7、厚1.9厘米

牛河梁遗址第五地点1号冢1号墓出土

辽宁省文物考古研究所藏

黄绿色。龟首作三角形，其一颈前伸，另一乌龟颈微缩，用阳线作象征性的口和目，背略弧凸，光素无纹，腹部平，其中一件腹部中间有一内凹。应象征雌雄之分。出土时墓主人左右手各握一只。

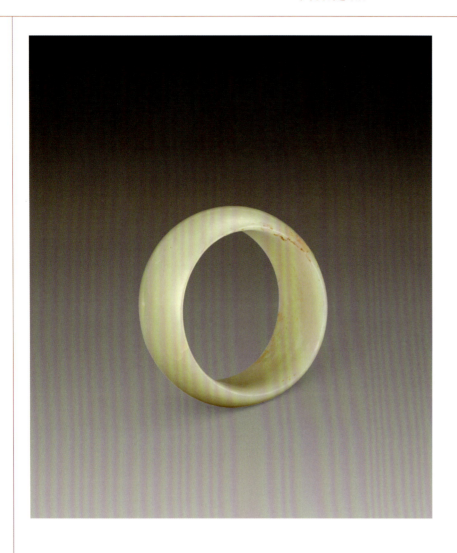

玉箍 Jade Hoop

红山文化
外径7.5、内径6.4、厚0.9、高4.2厘米
牛河梁遗址第五地点1号冢1号墓出土
辽宁省文物考古研究所藏

黄绿色。整个器形如鼓身，箍身宽扁，内壁
平直，外壁为凸弧面。磨制光滑。

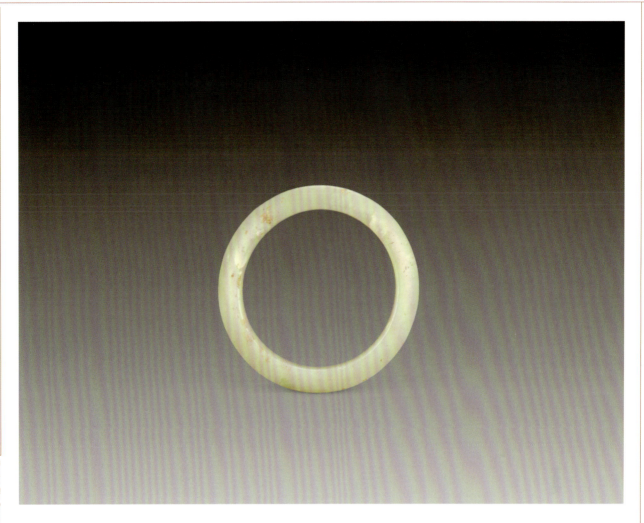

玉镯

Jade Bracelet

红山文化

外径8.5、内径6.5、厚1.1厘米

牛河梁遗址第五地点1号冢1号墓出土

辽宁省文物考古研究所藏

黄绿色。圆形，截面为三角形。磨制光滑。

草帽山积石冢位于敖汉旗四家子镇东面的草帽山山梁上，南临大凌河支流老虎山河。第二地点位于北部，发现了十分重要的遗迹和遗物，遗迹保存十分清晰和完整，为坛、冢的结合。在石基外侧见有成排的筒形陶器，有部分彩陶。

敖汉旗草帽山遗址第二地点积石冢
Cist Tomb at the Second Location in Caomaoshan Site of Aohan Banner

玉箍形器内芯

Core of Hoop-shaped Jade Ornament

红山文化

长11.2、最宽6.2、厚3.3厘米

敖汉旗丰收乡骆驼营子小东山征集

敖汉旗博物馆藏

绿色，质地较好，通体磨光。亚腰形，两侧均内弧，一端较窄，一端较宽，呈杆状。器物一面有一纵向的凹槽，一端较尖，尖端有两处圆窝，均有线割的弧线痕，从其形状看，应是制作玉箍形器时被掏去的内芯，对其再次加工利用。这对研究玉箍形器制作工艺是一件很有价值的实物资料。

玉龙
Jade Dragon

红山文化

宽6.3、大孔径1.9~2.7、小孔径0.3~0.8、厚2.4~2.8、高7.5厘米

敖汉旗新惠镇萨力巴乡干饭营子遗址出土

敖汉旗博物馆藏

青绿玉质微泛黄，玉质较好。两立耳残，圆睛突起，嘴部较短，嘴与鼻前突，鼻圆孔，额角前突，中间大孔为管钻，两面穿，孔壁留有钻孔的旋转痕，尚残存管钻的一块内芯，脊部小孔两面穿，嘴与尾间的缺口处有切割痕。

红山文化

长25.2 、宽8 、厚2.3厘米

敖汉旗牛古吐乡千斤营子遗址征集

敖汉旗博物馆藏

墨玉，局部有黄褐色沁斑，并有青绿相间的纹理。弧刃向一侧斜，近刃之上两面均见有清晰的斜向使用痕，两侧边外弧，顶端扁平且有粗糙面。体态修长，抛磨光亮，通体磨光，质地较好，是红山文化玉斧中的精品。

玉斧

Jade Axe

红山文化

长19、宽7、厚1.7厘米

敖汉旗长胜镇北泡子沿遗址征集

敖汉旗博物馆藏

浅绿色泛黄，有白色絮状沁斑，质地较好。扁平体，弧刃较钝，刃之一侧磨平，近刃部两侧有斜向使用痕，两侧边略外弧，顶端较薄。通体磨光。

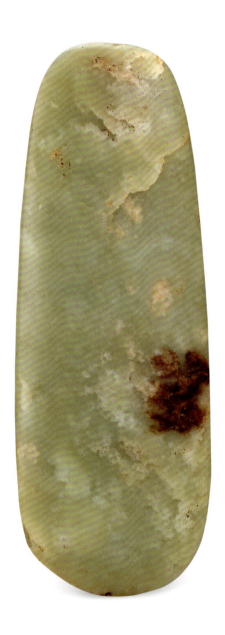

勾云形玉佩

Hook-and-cloud Shaped Jade Ornament

红山文化

长11.8、宽12.5、厚0.8厘米

巴林右旗巴彦塔拉苏木苏达勒遗址出土

巴林右旗博物馆藏

碧玉。四角向外翻卷呈勾云状，中央镂雕一勾云纹，下缘牙齿状，上端正中穿一孔，沿纹饰磨出瓦沟纹。

璜形玉坠

Arc-shaped Jade Pendant

红山文化
长7.9、厚0.7厘米
巴林右旗出土
巴林右旗博物馆藏

青玉，表面有白色沁斑。弧形扁条状，两端有
细穿孔。

玉匕形器

Dagger-shaped Jade

红山文化
长7.6、宽1.1、厚0.3厘米
巴林右旗查干诺尔苏木巴日图遗址出土
巴林右旗博物馆藏

青玉，内有黑色斑。匕形，顶端穿一圆孔，末端圆
弧形呈刃状，一面微鼓，另一面微凹。表面磨光。

玉浮雕人面

Jade with Human-facial Design in Relief Sculpture

红山文化
长4.3、宽4、厚1.1厘米
巴林右旗巴彦塔拉苏木苏达勒嘎查遗址出土
巴林右旗博物馆藏

青玉。正面微鼓，阴刻眼及似冠状轮廓线，压地隐起琢出眼、鼻、嘴、下颌。背面较平坦，横向穿一象鼻孔。

玉蝙蝠

Jade Bat

红山文化
长3.8、宽3.4、厚0.6厘米
巴林右旗沙布日台苏木查干敖包遗址出土
巴林右旗博物馆藏

青玉。整体呈蝙蝠倒挂状，正面微鼓，线刻翅膀、大耳、椭圆形眼睛，嘴为一横线，背面呈平面磨光。

那日斯台遗址位于内蒙古赤峰市巴林右旗大板镇（原巴彦汉苏木）那日斯台嘎查驻地东南侧的查干木伦河西岸二级台地上。遗址东西200米、南北350米，总面积约70000平方米。地表暴露有房址、窑址等，目前沙漠化严重。采集有夹砂褐陶"之"字纹筒形罐、泥质红陶钵、彩陶罐残片、石耜、石斧及勾云形玉佩等。是一处新石器时代红山文化遗存。

那日斯台遗址全景
Panoramic View of the Narisitai Site

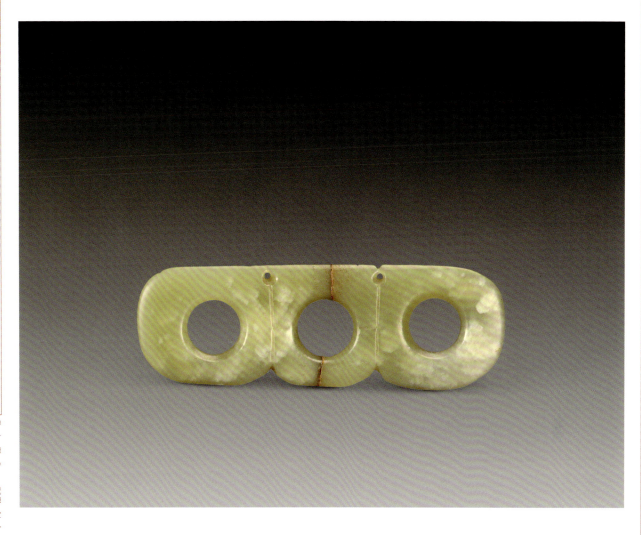

三
联
玉
璧

Three-ring Jade Bi-disc

红山文化
长11.9、宽3.9、厚0.5厘米
巴林右旗巴彦汉苏木那日斯台遗址出土
巴林右旗博物馆藏

黄绿玉中泛有白色絮状物质，玉质莹润细腻，半透明。联璧呈长条形，
上端平齐，下端为三联弧形，两侧方圆三联璧中间均有圆孔，孔直径为
1.6～1.7厘米，三璧之间以两条竖向凹槽即宽阴刻线相隔，阴刻线的顶
端有对穿的两个小圆孔以便佩挂，右侧的小圆孔上有一打孔定位的痕
迹，背素面无纹，边缘略薄，孔缘呈菱形。

玉猪龙

Jade Pig-dragon

红山文化
宽5.1、厚2.7、高7.3厘米
巴林右旗巴彦汉苏木那日斯台遗址出土
巴林右旗博物馆藏

黄色玉，黄中泛出淡淡的绿色，局部有红褐色铁沁斑。
质细腻光洁，微透明。器圆雕，猪龙身蜷曲呈头尾相对
式，头部较大，额头隆起，圆弧形双耳竖起，隐地凸起
的一对大圆眼睛极具神韵，下额前伸，吻部凸出。用砣
具将唇、眉、鼻等部位以阴刻线琢出轮廓，线条流畅，
磨制光滑，猪龙颈部对穿一圆孔，内视有平行旋转的螺
旋纹。猪尾端圆收呈细尖状，器身光素无纹。

玉玦形鸟

Split-ring Shaped Jade Bird

红山文化
外径5.5、内径2、厚1.1厘米
巴林右旗巴彦汉苏木那日斯台遗址出土
巴林右旗博物馆藏

白色玉，质细密光洁，硬度高，不透明。体圆雕，扁圆蜷曲如鸟正在发育的胚胎，大大的鸟嘴，尖喙弯并且向下前伸，大大的圆眼几乎占据了鸟的整个头部，两条圆形阴刻线标示出鸟的眼睛，头颈相连呈漫圆，流畅自然，翅为一朝下的尖凸状与尾区别，圆弧状的鸟尾向上蜷曲接近鸟喙。器身中间为一圆形的大孔，颈肩处对穿一小圆孔。器身素面无纹。

玉鸮 Jade Owl

红山文化

长6、宽6.1、厚1.8厘米

巴林右旗巴彦汉苏木那日斯台遗址出土

巴林右旗博物馆藏

淡绿色泛黄，玉质莹泽细腻，光泽度高。双短耳耸立，目浮雕，圆鼓较大，喙部短，喙端尖圆。双翅及尾平展，平肩，翅翼稍有外斜，尾端直，翅与尾羽皆以阴刻线表示，胸腹部鼓，下有以斜而短的阴线表现的双爪，爪外凸明显，双爪附于尾面加饰的一三角形之上，似作攀附状。鸟的背面平齐，上下部都有钻孔，近头顶横钻一隧孔，下部翅尾交处又各竖钻一隧孔。

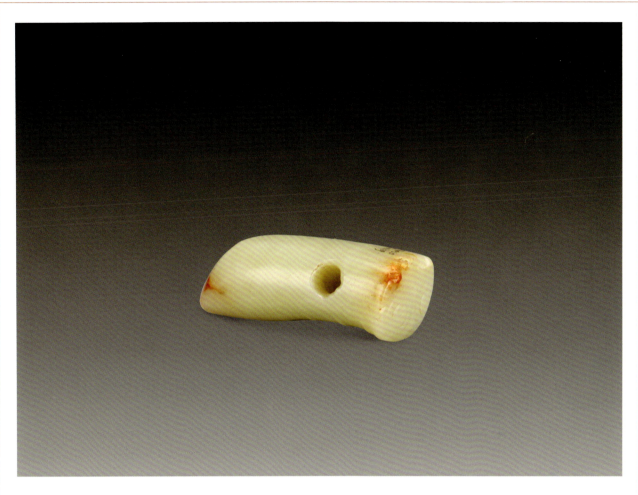

玉蚕

红山文化

长7.8、宽3.4、厚2.5厘米

巴林右旗巴彦汉苏木那日斯台遗址出土

巴林右旗博物馆藏

淡黄色玉，质细腻莹润，透明度好，摩氏硬度6.7。蚕为圆雕，呈圆柱状体躯，头部为平面，隐地凸起一双圆眼，顶端雕出微微凸起的双触角，以管钻打出眼睛，使之微微凸起，腹部以三道阳纹表示蚕体的分节。

玉蚕 Jade Silkworm

红山文化
长7.8、宽3.4、厚2.7厘米
巴林右旗巴彦汉苏木那日斯台遗址出土
巴林右旗博物馆藏

青黄色玉,局部有红色沁斑,质细腻莹润,呈半透明状。圆雕,前端为一平面,以管钻打出眼睛使之微微凸起,外眼圈以砣具精心琢出,细看有歧出现象,两眼之间有一道凸棱纹,上有一短阴刻纹,双眼之上有两条向上弯曲的阳凸纹表示蚕成蛾时的翼翅,与之对应的下部有两处凸起的小包表示蚕变蛾过程中的两足。蚕的前部靠头眼部分,是琢磨出的两个长半圆形的隐地凸起的蚕翼纹,其下是两道阳纹分节蚕身。蚕尾稍向上翘,腹部光素无纹,蚕身有一横穿孔。

玉蚕

红山文化

长9.4、宽3.9、厚3.5厘米

巴林右旗巴彦汉苏木那日斯台遗址出土

巴林右旗博物馆藏

黄色玉，莹润的黄色中泛出淡淡的绿色，玉质细腻，光洁度高，半透明。蚕为圆雕，前端略粗，尾端稍细，头部平面，阴刻一双圆眼，天地穿孔在两眼之间，头面上端阴刻一对弧形小纹表示蚕转化时的触角和翼，下端阴刻八字纹表示蚕转化蜕变时的足，颈背部以四道阳纹表示蚕身分节，腹部两侧对穿孔与天地穿孔交叉于腹中，尾部稍收呈尖状与蚕身平齐，腹部光素无纹。尾部留有取料时的凹痕。

勾云形玉佩

Hook-and-cloud Shaped Jade Ornament

红山文化

长18.1、宽10.8、厚0.7厘米

巴林右旗巴彦汉苏木那日斯台遗址出土

巴林右旗博物馆藏

黄色玉，淡黄中泛出少许绿意，玉质中杂有长石辉闪物质，荧光闪出，使整个玉色呈白黄色，微透明。佩体呈长方形薄片状，左右两侧四角琢对称向外弯曲的勾云形状，上下相反，端尖明显，器体上下两端各伸出三个边缘平直的小凸齿形状，中央镂雕一朝左侧向上弯曲的勾形旋涡状纹，背面光素无纹。镂空制作方法系以砣具镂空，并以砣具修缘呈刃边现象。

钩形玉器

红山文化
长6.8、宽2.4、厚0.9厘米
巴林右旗巴彦汉苏木那日斯台遗址出土
巴林右旗博物馆藏

青玉，玉质细腻莹润，半透明，光洁度高，柔光内敛。器体呈长条直柄形，类似玉兵仪器，刃部略弯曲成钩形状，顶端边缘磨薄并钻有对穿小圆孔。器体上柄与刃首之间有一竖道螺旋纹。器体周缘经砣具修理呈刃边特征。

玉鸮

红山文化
长2.4、宽3、厚0.6厘米
巴林右旗巴彦汉苏木那日斯台遗址出土
巴林右旗博物馆藏

黄玉。鸮双眼圆突，双翼展开，尾羽间饰类瓦沟纹，背部上端对穿一象鼻孔，孔下有加工痕迹。

**玉
珠
饰**　Jade Beads

红山文化

直径1.3~2.3、高0.7~1.8厘米

巴林右旗巴彦汉苏木那日斯台遗址出土

巴林右旗博物馆藏

青黄玉。多数呈半圆球形，部分呈圆珠形。半球形珠饰在
平截面上对穿象鼻孔，圆珠形在一侧对穿一象鼻孔。

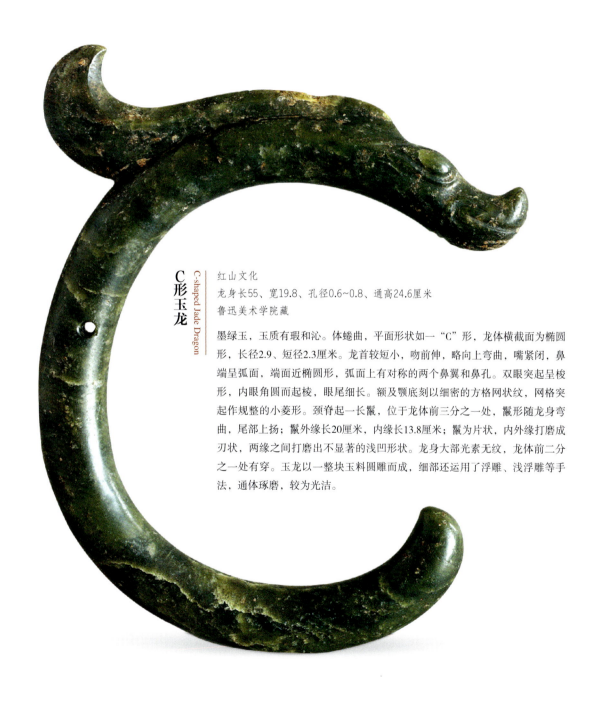

C形玉龙

C-shaped Jade Dragon

红山文化

龙身长55、宽19.8、孔径0.6~0.8、通高24.6厘米

鲁迅美术学院藏

墨绿玉，玉质有瑕和沁。体蜷曲，平面形状如一"C"形，龙体横截面为椭圆形，长径2.9、短径2.3厘米。龙首较短小，吻前伸，略向上弯曲，嘴紧闭，鼻端呈弧面，端面近椭圆形，弧面上有对称的两个鼻翼和鼻孔。双眼突起呈梭形，内眼角圆而起棱，眼尾细长。额及颚底刻以细密的方格网状纹，网格突起作规整的小菱形。颈脊起一长鬣，位于龙体前三分之一处，鬣形随龙身弯曲，尾部上扬；鬣外缘长20厘米，内缘长13.8厘米；鬣为片状，内外缘打磨成刃状，两缘之间打磨出不显著的浅凹形状。龙身大部光素无纹，龙体前二分之一处有穿。玉龙以一整块玉料圆雕而成，细部还运用了浮雕、浅浮雕等手法，通体琢磨，较为光洁。

文化过渡
Transition of Culture

小河沿文化分布
以老哈河流域为中心，
其年代介于红山文化
与夏家店下层文化之间，
文化内涵具有过渡性，
又有自身特点，
是红山文化和
夏家店下层文化之间
错综复杂、若断若续
关系的一个衔接点。

筒形陶罐 Cylindrical Pottery Jar

小河沿文化（距今约5000年）
口径9.6、底径5.2、高9厘米
翁牛特旗大南沟墓地出土
赤峰市博物馆藏

夹砂褐陶。口微敛，横环耳，平底。口下有堆纹，腹部刻划一组图像符号，以"卍"符号为主，这类符号也见于该文化的彩陶和刻划纹壶上，可知是一种重要标识，与之相配的其他符号也分布有序，应有固定含义，或为原始文字之雏形。

彩陶罐 Painted Pottery Jar

小河沿文化
口径14、底径9.2、高17厘米
翁牛特旗大南沟墓地出土
赤峰市博物馆藏

泥质红陶。敞口，折沿，斜肩，底中有一圆孔。
绘黑彩雷纹五组，间以兽纹。

玉璧 Jade Bi-discs

小河沿文化
左：外径14.2、内径5.4、厚0.47厘米
右：外径14.7、内径5.7、厚0.5厘米
敖汉旗新惠镇小房申墓地出土
敖汉旗博物馆藏

青白色，部分泛青斑。圆形，扁薄体，中部穿圆孔，外缘尖圆，内
缘略外凸。通体磨光。

小河沿文化

口径15.6、腹径39.2、底径12.4、高43.5厘米

扎鲁特旗南宝力皋吐墓地出土

内蒙古自治区文物考古研究所藏

夹细砂红褐陶，局部因烧制不匀留有黑斑块。表面涂泥抹光。敞口，圆唇，斜高领，椭圆腹，下腹部装对称桥形耳，平底。壶领内折，呈倒三角斜面，在面上堆塑刻划出五官，现出清秀眉目，其神态安祥，胸部堆塑平行对称双乳，腹部鼓凸，臀部外耸，是个典型的孕妇形象。这应是一尊有所寓意的偶像。

刺猬形陶器

Hedgehog Shaped Pottery Vessel

小河沿文化
长7、宽6.1、高6.3厘米
扎鲁特旗南宝力皋吐墓地出土
内蒙古自治区文物考古研究所藏

泥质灰褐陶。整体为刺猬形，中空。耳、鼻凸起，鼻孔和眼睛用圆坑表示，嘴为一大圆形透孔，短尾凸起，肛门用圆坑表示，雕出四足，背及两肋压印连续横"∧"字形表示鬃毛，头部、臀部和腹部磨光。造型简练，形象生动。

龟形陶器

Tortoise Shaped Pottery Pot

小河沿文化
长14.4、宽12.2、残高7.8厘米
扎鲁特旗南宝力皋吐墓地出土
内蒙古自治区文物考古研究所藏

泥质灰陶。龟昂首、张嘴，用两小圆孔表示鼻子，横穿透孔表示耳朵，四肢残缺，中空。通体磨光。

盘口双流陶壶

Pottery Pot with a Plated Mouth and Two Spouts

小河沿文化
口径7.9~13、底径10、高28.3厘米
内蒙古扎鲁特旗南宝力皋吐墓地出土
内蒙古自治区文物考古研究所藏

夹砂灰褐陶。椭圆形盘口，圆唇，外弧形双流，球
腹，底稍内凹。肩部有桥状对称双耳。通体磨光。

方　国

Regional State

　　经过古国时代各地部族的文化交流、碰撞与融合，凌驾于众部之上的方国在中华大地纷纷崛起。辽河流域也进入了以夏家店下层文化为主体的方国时代。约公元前2100～前1500年即相当于中原夏到早商时期的夏家店下层文化，分布范围北以西拉木伦河为界，南抵永定河，中心范围在燕山北侧。该文化拥有成立体分布的城堡群，出土有彩绘陶器、青铜器、仿铜陶礼器及成组玉器，反映了当时社会等级、礼制已经形成，是雄踞燕山南北、盛极一时、能与夏王国为伍的北方强大方国，文献中之北土"燕亳"可能与这支文化有关。

Through the interaction and integration of different complex communities during the Age of Primitive State, many Regional States started to rise in succession in the vast land of China. The Liaohe River Valley also entered the period of *Fangguo* (Regional State) that represented by the lower-layered Xiajiadian Culture. The culture (2100-1500 BC, corresponding to the Xia-Early Shang of the Central Plains), with its major burial or sites around northern part of the Yan Mountain, ranges from just north of the Xilamulun River to the southern part of the Yongding River. The walled sites, painted pottery, bronzes and jades excavated from this culture demonstrate that a society of hierarchy and ritual was highly organized. As a Regional State positioning majestically south and north of the Yan Mountain, it could rival the Xia Kingdom in power and grandeur. '*Yanbo*' of north China recorded in historical book might be related to this culture.

古城棋布

Regularly Distributed Walled Sites

英金河流域夏家店下层文化城堡带分布图
Distribution of Walled Site of the Lower-layered Xiajiadian Culture in the Yingjin Valley

▲ 石城址

0　　10公里

夏家店下层文化的
一个突出特征为聚落式
城堡址十分密集，
这种城堡群的布局，
或在大范围内星罗棋布，
或沿河川和山麓
呈链锁式分布，
构成大范围的
国家式的集体防御，
表明当时已经有了
相当成熟的国家形态。
其中赤峰市英金河流域
山脊上的城堡带，
绵延达百里以上，
走向与燕秦长城相同，
可称为"长城原型"。

距今4000年前中国文明起源进入以夏为主的方国时代。夏家店下层文化上万座呈立体式分布的城堡式遗址，具有多中心和诸中心聚落的高度规范化的特点，作为方国的典型代表，是雄踞北方"与夏为伍"的一个地域性强大方国。

The Formative Period Of Chinese Civilization

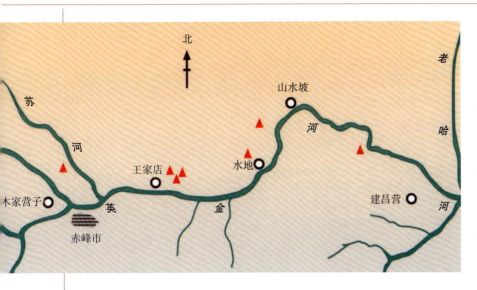

石筑城堡在辽西和内蒙古东南分布有几千座，组合有一定的规律，在英金河的一段和后来的燕秦长城重合，其他地段也有重合现象。城堡在四千年前应为防御性质的工事。而城堡成群成带地出现，表明是大型方国的大规模防御。这些防御的城堡和长城重合的原因既有地理形势的要求，也和塞内外农、牧区的分界有关。所以，长城不只是一条线或几条线，而可以视为一段地带，即北纬40°~44°线范围。这一地带多次在中国历史上先走一步。

康家屯石城址发掘现场
Excavation Scene of Stone Walled Site at Kangjiatun

康家屯石城址位于辽宁省北票市大板镇的大凌河与牤牛河交汇处的台地上，面积约15000平方米，墙体分段砌筑，上窄下宽，在东、南墙外各有三个马面，东南和西南角各有一角台。城墙外有城壕。城内借助纵横交错的道路，隔墙形成若干层次的院区。城堡功能完善，是方国社会组织的典型例证。

陶鼎 Pottery *Ding-vessel*

夏家店下层文化（距今约4100～3500年）

口径10、腹径13、高12厘米

北票康家屯遗址出土

辽宁省文物考古研究所藏

泥质灰陶。圆唇，折肩，弧腹，平底。罐身高足，三
只条状楔形足外撇。素面无纹，器表经磨光。

陶豆 Pottery *Dou-vessel*

夏家店下层文化
口径20、底径14.5、高20.5厘米
北票康家屯遗址出土
辽宁省文物考古研究所藏

泥质红褐陶。高豆柄，喇叭形圈足，
豆盘亦呈喇叭形。通体打磨。

陶甗 Pottery *Yan-steamer*

夏家店下层文化
口径20.9、高51厘米
北票康家屯遗址出土
辽宁省文物考古研究所藏

夹砂红褐陶。器形高大而规整。口外撇，肥袋足，下承实足根。口沿以下饰粗绳纹，腰部饰一周附加堆纹。甗是一种甑鬲合体的炊具，甗腰处隔以箅，上置食物，下置水，用以蒸食，是夏家店下层文化的主要炊具。

卜骨

Oracle Bones

夏家店下层文化
上：长8、宽5厘米
下：长7.5、宽5.4厘米
北票康家屯遗址出土
辽宁省文物考古研究所藏

为动物肩胛骨所制。铲形，正面有钻而不透的圆坑。参照
商朝卜筮活动的先钻孔后烧灼，根据灼烧后在挖灼坑背面
的裂纹来断吉凶情况，康家屯遗址所出卜骨有排列紧密的
钻孔却无灼痕，或许是整修完而未经使用的卜骨。

石钺 Stone Yue Axe

夏家店下层文化

长12、刃宽12.5厘米

北票康家屯遗址出土

辽宁省文物考古研究所藏

通身磨制。铲形，中有圆孔。刃部斑驳，有使用的痕迹。

The Formative Period Of Chinese Civilization

石铲
Stone Shovel

夏家店下层文化
长19.4、厚0.4厘米
北票康家屯遗址出土
辽宁省文物考古研究所藏

青色页岩。柄部两侧保留打制遗留的粗糙痕迹，
表面通体磨制光滑。有肩，正锋，弧刃。

早期铜器

Early Bronzes

与其他早期青铜
时代文化一样，
夏家店下层文化的铜器
多为小件装饰品和器物的附件，
如典型的喇叭口形耳环，
还有木柄两端的套件等，
其中的青铜连柄戈已装饰花纹。
出土的合范，
有空腔器具，
说明当时能使用合范和内范，
已掌握了铸造铜容器的技术。

铜珠石范

Stone Coin Mould

夏家店下层文化
直径2.4、高5.6厘米
北票康家屯遗址出土
辽宁省文物考古研究所藏

白色石灰岩。通体磨光。整体为圆柱状，由两块范模合并为一个合范。范模一侧为半弧形，另一侧为光滑平面，平面近上部有一光滑半球形凹坑，限定所浇铸器物形状。凹坑上部和范模顶部有一个喇叭形小孔，应为合铸时浇灌溶液的浇铸口。凹坑和范模的侧边有一横槽，可能为制作串珠所留小孔。两块范模的一侧均有三道很深的刻槽，合范后三对槽刚好相对；另一侧也有相对的一对槽线，应当为捆绑固定两范所用。

The Formative Period Of Chinese Civilization

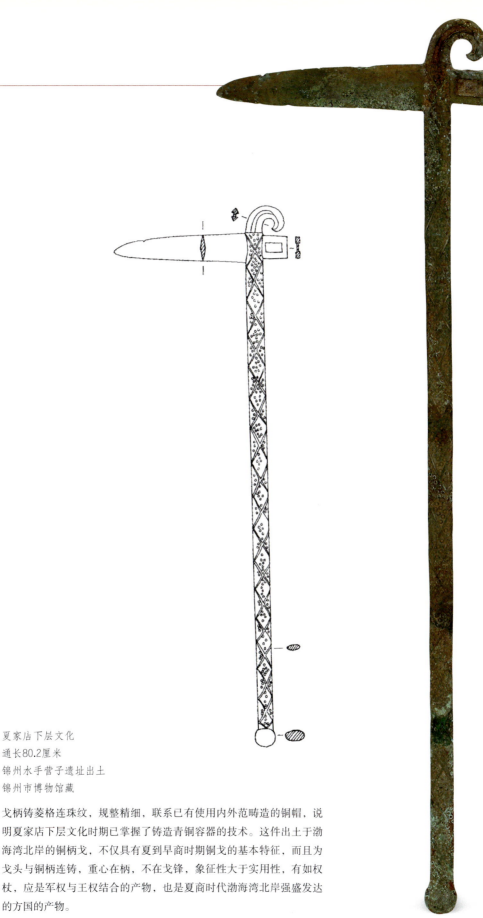

铜
连
柄
戈

Bronze *Ge* with a Handle

夏家店下层文化
通长80.2厘米
锦州水手营子遗址出土
锦州市博物馆藏

戈柄铸菱格连珠纹，规整精细，联系已有使用内外范畴造的铜帽，说明夏家店下层文化时期已掌握了铸造青铜容器的技术。这件出土于渤海湾北岸的铜柄戈，不仅具有夏到早商时期铜戈的基本特征，而且为戈头与铜柄连铸，重心在柄，不在戈锋，象征性大于实用性，有如权杖，应是军权与王权结合的产物，也是夏商时代渤海湾北岸强盛发达的方国的产物。

铜刀 Bronze Knife

夏家店下层文化
长15.5、宽2.3厘米
北票康家屯遗址出土
辽宁省文物考古研究所藏

连柄铸造，弧刃，尖部微向上翘，背部呈锯齿状。
刀柄较短，可能与其他材质复合使用。

石钺
Stone Yue Axe

夏家店下层文化
长12、宽7.5、穿孔直径3厘米
朝阳县联合公社西出土
朝阳市博物馆藏

通体磨制，表面光滑。乳白色。正锋，弧刃。钺身呈铲形，近顶
端三分之一处有穿，穿孔四周减地，形成凸缘，其斜上方有直径
约0.5厘米的小圆孔一个。制作精良，刃部基本完好。

礼乐之邦
Land of Ceremony and Music

彩绘陶器是夏家店下层文化
最精彩的内涵之一，极富特色，
器类不仅有罐、罍、尊，也有鼎、
鬲等炊器及鬶、爵、盉一类酒器。
彩绘陶花纹迂回曲折，线条极为流畅，
对比强烈的色彩和变化无穷的图案
具有特殊的神秘感
和强烈的礼器性质，
既是等级身份的标志，
也是工艺水平极高的艺术品。
彩绘图案以兽面纹、
龙纹等神化动物纹及
云纹为基本主题，
与商周青铜礼器纹饰
有密切的联系。
仿铜酒器均为夏商
上层贵族特有的酒器，
它们在大甸子墓地中
多次成组出现，
与彩绘陶器共同构成了
礼制的主要因素，
是当时礼制完善与发达的具体表现。

墓地位于敖汉旗大甸子村东南的台地上，属大凌河水系的牤牛河上源。墓地南北长150米，东西宽70米，面积约1万平方米的范围内密集排列着方向大致相同、规模大小不一的长方形土坑竖穴墓804座，出土了大批精美文物，反映了一个社会组织严密、文化特征明显、高度发展的社群概貌，为研究夏家店下层文化国家形态及社会组织提供了一个十分完整的材料。

大甸子墓地
Tombs at Dadianzi

彩绘陶双腹罐

Painted Pottery Jar with Double Bellies

夏家店下层文化

口径7.4、腹径18.6、底径8、高27.3厘米

敖汉旗大甸子墓地出土

辽宁省博物馆藏

圆唇，双腹，假圈足。器身分双腹，如两个陶罐接合而成，因称"双腹罐"，又因其形如层叠的宝塔，故也称"塔式瓶"。此罐肩部周匝堆塑乳钉四个，上腹部周匝堆塑贝壳四枚。通身彩绘，纹饰分两部分：上腹部饰雷纹，颇似商周青铜器上纹饰；下腹部为花瓣纹，花瓣饱满且写实，像腾腾燃烧的火焰。

彩绘陶鼎

Painted Pottery *Ding*-vessel

夏家店下层文化

口径18.8、高12.8厘米

敖汉旗大甸子墓地出土

辽宁省博物馆藏

鼎身为盆形，下腹折而斜收为小平底，三实心足外
撇。通身打磨光滑，满饰彩绘。

彩绘陶鬲

Painted Pottery *Li*-tripod

夏家店下层文化

口径16、高24.4厘米

敖汉旗大甸子墓地出土

辽宁省博物馆藏

口沿外撇，腰部以下分裆明显，下承锥形实足根。

磨光黑陶地上施绘红色线条，纹饰近于勾连云纹。

185

彩绘陶罐

Painted Pottery Jar

夏家店下层文化

最大径30、通耳宽34.8、高36厘米

敖汉旗大甸子墓地出土

中国社会科学院考古研究所藏

最大径在肩部，均匀布列四竖耳，耳中部穿孔以为
系。通身彩绘，兽面纹，近底处留底色。

彩绘陶尊

Painted Pottery *Zun*-container

夏家店下层文化

口径23、底径11.1、高18.8厘米

敖汉旗大甸子墓地出土

中国社会科学院考古研究所藏

敞口，侈唇，筒形深腹，腹壁折收成小平底。器身
及口沿内侧彩绘勾连云纹。

彩绘陶罐 Painted Pottery Jar

夏家店下层文化
口径11、底径9、高18.4厘米
敖汉旗大甸子墓地出土
中国社会科学院考古研究所藏

小口，广肩，圆腹，小平底。除近底处留出底色
外，通身彩绘，纹样近于卷云纹或花瓣纹之类。

夏家店下层文化
口径10.8、底径13、高31.2厘米
敖汉旗大甸子墓地出土
中国社会科学院考古研究所藏

形似长筒，小口，腹深而大。表面磨光，旋纹之外
还画有彩绘。彩绘纹饰分六段，勾连雷纹与勾连云
纹相间使用，近底处为一周菱形纹。

彩绘陶罐
Painted Pottery Jar

夏家店下层文化
口径11、腹径18、高19厘米
北票市大板镇征集
北票市文物管理所藏

小口，束颈，广肩，腹下收，平底。通身施彩，
且用彩较浓。纹样似为卷云纹，单个纹饰区分明
显，不勾连。

陶鬶 Pottery *Gui-tripod*

夏家店下层文化
口径11、通高29厘米
敖汉旗大甸子墓地出土
中国社会科学院考古研究所藏

泥质褐陶。圆口，平唇，流为局部器壁平直伸长。唇下外表三匝附加堆纹。腰间有两匝堆纹，堆纹之间贴附小泥饼一匝。唇下和腰间的堆纹之间竖贴附加堆纹四组，流口以下一组密集七条，其余三组，每组三条并列，堆纹之间对称的贴附小泥饼六个。把手外表也竖施堆纹三条，把手下端贴附小泥饼三个。条状堆纹上都以齿状工具印压呈绳索状。

陶盉

Pottery *He*-tripod

夏家店下层文化
口径11、流长3、通高28厘米
敖汉旗大甸子墓地出土
中国社会科学院考古研究所藏

泥质褐陶，陶质坚硬。器壁薄，器口微敛，竖起一匝短唇。流口以上的短唇局部增长，呈三角形，腰间有两匝压印呈"人"字组成的纹带，同样纹带在空足蹄面正中和裆缝各竖施一条，把手外表也竖施一条。表面磨光。

陶爵 Pottery *Jue-cup*

夏家店下层文化
通高14厘米
敖汉旗大甸子墓地出土
中国社会科学院考古研究所藏

泥质褐陶，陶质坚硬，胎薄。爵腹细长，有束腰，中腰以上横截面呈椭圆形，至底呈圆形，器底近于圜底。底侧装三个实心短足，腰间有把手，流口在左侧。器表施篦点纹装饰，口沿下与腹下各有一两匝篦点组成的窄纹带，上下纹带之间以齿状工具区划为并列的等腰三角形，内填篦斜线。唇沿内外各贴附一匝附加堆纹，前后唇沿以下在器腹垂直平分线上各有一竖条附加堆纹。

陶爵 Pottery *Jue-cup*

夏家店下层文化
通高13厘米
敖汉旗大甸子墓地出土
中国社会科学院考古研究所藏

泥质褐陶，陶质坚硬，胎薄。爵腹细长，有束腰，中腰以上横截面呈椭圆形，至底呈圆形，器底近于圜底。底侧装三个实心短足，腰间有把手，流口在左侧。器口侧视较平，依视前后唇沿较短，前唇较高，由两侧捏窄成流，后唇边缘呈弧形，并在唇沿内外各施一匝附加堆纹。

石磬

Stone Percussion Instrument

夏家店下层文化
长79、宽33、厚2厘米
阜新七家子乡旧贝村出土
阜新蒙古族自治县博物馆藏

青石磨制。长方形体，通体磨光。磬上部略有弧形曲线，上有对钻双孔，底边基本平直。磬是中国古代特有的一种石质敲击乐器，体形硕大，石质坚硬，叩之声音清脆悠扬，古人认为可以上达天神。单独悬挂的磬称为"特磬"，数件成组的称为"编磬"。

方国 | Regional State

玉玦形坠

Slit-ring Shaped Jade Pendant

夏家店下层文化
外径3.5、内径1.5厘米
敖汉旗大甸子墓地出土
中国社会科学院考古研究所藏

半透明白色软玉。形如小环而有豁
口。出土时在墓主人耳部位置。

玉臂饰

Jade Arm-ornament

夏家店下层文化
曲面弦长7.1、宽6.8、最厚处0.4厘米
敖汉旗大甸子墓地出土
中国社会科学院考古研究所藏

碧玉。曲面四边形，外表雕刻成瓦纹，四角各
有一小孔。出土时缚于墓主人左臂肱骨外侧。

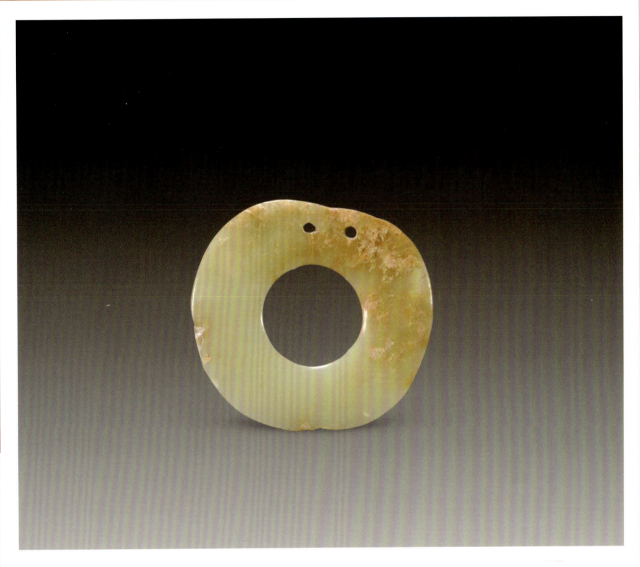

Jade Pendant

玉璧形坠

夏家店下层文化
外径8.2、内径3.2、厚0.4厘米
敖汉旗大甸子墓地出土
中国社会科学院考古研究所藏

黄白色。外缘不正圆，近缘处有两孔，孔
缘有系缚磨痕。

玉璜

Arc-shaped Jade Pendant

夏家店下层文化
弦长4.8、宽1.3厘米
敖汉旗大甸子墓地出土
中国社会科学院考古研究所藏

墨绿玉。新月形片状。形近四分之一弧长，
似圆环改制。外弧边较薄，外弧边中央有一
孔。内弧边在一面起一棱边。

璇玑形玉坠

Armillary Jade Pendant

夏家店下层文化
外径4、内径1.9、厚0.2厘米
敖汉旗大甸子墓地出土
中国社会科学院考古研究所藏

青白玉。形如璇玑的三分之二，环断处已磨
平，剩余二牙角。环上有一孔。

钩形玉器
Hook-shaped Jade

夏家店下层文化
长7.1、宽2.5、厚0.7厘米
敖汉旗大甸子墓地出土
中国社会科学院考古研究所藏

青绿玉。长条宽玉片，一端似"C"形，另一端短柄，柄端有孔。边缘与两面碾刻甚浅。

有齿直条形玉坠
Jade Pendant with Teeth-shaped Design

夏家店下层文化
长8.2、宽1、厚0.45厘米
敖汉旗大甸子墓地出土
中国社会科学院考古研究所藏

白玉。一端有孔，近孔端两侧边缘雕出对称的三道齿痕。另一端呈三角形。

结语

　　追本溯源，是人类的天性。探求真理，是我们的职责。

　　辽河文明是中华文明的重要组成部分。辽河流域早期文明的发展历程，充分印证了我国文明进程中"多元一体"的发展格局和历史规律。耸立于渤海之滨的秦始皇行宫建筑群，既是辽河流域先秦文明历史的一个总结，更是中华统一多民族国家的重要象征。

碣石远眺
Distant View of the Hanging Stone

Epilogue

Tracing origins is human being's instinct. Exploring truth is our responsibility.

The Liaohe River Civilization is one important part of Chinese Civilization. Its process embodies the Chinese historical rule of thousand years that 'multi-polarity and integration are coexisting and involved in each other'. The buildings for the temporary imperial palace of the Qin First Emperor, towering aloft along the coast of the Bohai Sea,are regarded as not only a historical generalization of the Liaohe River Civilization but also an important symbol of unitary multinational China.

结语 | Epilogue

后记

　　为进一步弘扬展示中华传统文化，并将中华文明探源工程的最新科研成果向社会宣传推广，按照国家文物局《关于委托举办中华文明探源成果展的函》（文物博函[2010]766号）的工作要求，借助国家文物局在沈阳举行纪念2011年"5·18国际博物馆日"主场活动的契机，在辽宁省博物馆举办了"辽河寻根 文明溯源　中华文明起源展"。

　　本书的编排是根据"辽河寻根 文明溯源　中华文明起源展"展览大纲设计的，共分三个单元，以专题的形式展示以红山文化为核心的辽河流域早期文明的起源和发展，是中华文明起源多源性的生动体现，也反映出辽河流域在中华文明起源过程中的重要地位和作用。

　　在本次展览的筹办和展览文物的借用过程中，我们得到了国家文物及各有关单位的大力支持，图录的编辑还得到了相关单位领导、专家、学者和同行的帮助，我们在此一并表示诚挚的敬意和由衷的感谢。

The Formative Period Of Chinese Civilization

编　者

2011年5月

责任编辑：杨新改　李　红

装帧设计：李　红

责任印制：王少华　张　丽

图书在版编目（CIP）数据

辽河寻根　文明溯源：中华文明起源展/国家文物
局，中华人民共和国科学技术部，辽宁省人民政府
编.—北京：文物出版社，2011.5
　　ISBN 978-7-5010-3167-2

　Ⅰ.①辽… Ⅱ.①国… ②中… ③辽… Ⅲ.①辽河流
域－文化史－图集 Ⅳ.①K293-64

中国版本图书馆CIP数据核字(2011)第074518号

辽河寻根　文明溯源
—— 中华文明起源展

编　　者	国家文物局
	中华人民共和国科学技术部
	辽宁省人民政府
出版发行	文物出版社
	（北京东直门内北小街 2 号楼　邮政编码 100007）
	http://www.wenwu.com
	E-mail: web@wenwu.com
制版印刷	北京图文天地制版印刷有限公司
经　　销	新华书店
开　　本	889×1194　1/16
印　　张	12.75
版　　次	2011年5月第1版　2011年5月第1次印刷
书　　号	ISBN 978-7-5010-3167-2
定　　价	228.00元